聚力前行，
共研共进

——中学物理教学实践探索

杨细梅 ◎ 著

吉林人民出版社

图书在版编目（CIP）数据

聚力前行，共研共进：中学物理教学实践探索 / 杨
细梅著.—长春：吉林人民出版社，2023.11
ISBN 978-7-206-20346-6

Ⅰ.①聚… Ⅱ.①杨… Ⅲ.①中学物理课—教学研究
Ⅳ.①G633.72

中国国家版本馆CIP数据核字（2023）第221865号

聚力前行，共研共进——中学物理教学实践探索
JULI QIANXING，GONGYAN GONGJIN——ZHONGXUE WULI JIAOXUE SHIJIAN TANSUO

著　者：杨细梅　　　　　封面设计：李　娜
责任编辑：高　婷
吉林人民出版社出版发行（长春市人民大街7548号　　邮政编码：130022）
印　　刷：北京政采印刷服务有限公司
开　　本：787mm×1092mm　　　1/16
印　　张：7.75　　　　　　字　　数：130千字
标准书号：ISBN 978-7-206-20346-6
版　　次：2023年11月第1版　　印　　次：2023年11月第1次印刷
定　　价：58.00元

如发现印装质量问题，影响阅读，请与出版社联系调换。

C 目 录
CONTENTS

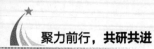
第三篇　实践设计，乐趣无穷

1

第一篇

课题研究，漫漫修远

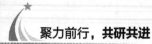
"农村中学高效课堂教学策略的研究"
课题研究报告

一、研究的意义（学术价值、应用价值）

（一）课题的界定

从提高素质教育效果的途径和教学改革的实际出发，在以生为本的教学方式基础上，探讨中学各学科新的教学策略，在实践中总结新的教学理论，并直接指导和改进教学实践，构建一个"自主学习、互动激发、高效生成、愉悦共享"的高效课堂，让最小的教学和学习投入获得最大学习效益的课堂，从而减轻学生的学习负担，激发学生学习的兴趣，促进学生的健康发展。

（二）研究价值

1. 学术价值

严格执行新课程标准，努力推进教育教学改革，切实搞好素质教育的实施，既是学生成长的主体需要，也是社会发展的客观需要，更是新时代进步的必然选择。希望通过本课题的研究能够进一步推动我校课堂教学改革，提高课堂教学效率，从而促进学生的全面发展。

2. 应用价值

可为教师队伍建设提供理论支持和具体行动经验，改善当前学校课堂教学现状，为深入推进课堂教学改革，全面实施素质教育，全面提升教育教学质量做出贡献。

二、本课题的总体框架和基本内容，拟达到的目标

（一）本课题的总体框架

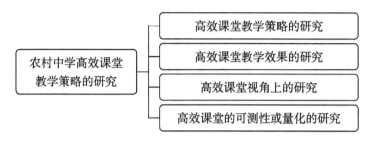

（二）基本内容

1. 高效课堂的比较研究

从三个方向（教学时间、教学任务量、教学效果）和三个层面（教师层面、学生层面、时间方面）进行分析，再和浙江、江苏、上海、北京等教育教学先进城市的教学效益进行比较。

2. 高效课堂策略的有效研究

通过文献分析、实践研究、调查研究，总结学校教育质量的现状，提出高效课堂的策略研究。

3. 高效课堂的理念及理论基础

高效课堂应该是以尽可能少的时间、精力和物力投入，取得尽可能好的教学效果。尽可能好的教学效果可从以下两个方面来体现。一是效率的最大化，也就是在单位时间内学生的受益量。主要表现在课堂容量、课内外学业负担等。二是效益的最优化。高效课堂的特点有以下几点。①三高：高效率、高效益、高效果。②三动：身动、心动、神动。③三量：思维量、信息量、训练量。④三特点：立体式、快节奏、大容量。⑤三学：肯学、想学、会学。⑥减负：轻负担、高质量、低耗时、高效益。⑦高效课堂的一个中心：一切以学生为中心、以快乐为根本，由追求知识的完整性、全面性到更加关注学生的性格、人格的健全，由注重知识能力的培养到更加关注学生的心理需求和精神成长，由传统共性和整齐划一的教育到更加关注学生的不同需求，由注重课堂环节、程序的编制到更加关注学情、氛围和师生、生生关系。高效课堂的终极目标：致力于学习能力的培养。

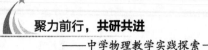
4. 高效课堂实施的方案和策略研究

根据高效课堂的要求，设计出高效课堂教学的方案及其策略。

"两个结合"："如何设计出高质量的课堂问题"与"如何让学生提出有价值的问题"相结合，"传统教学手段"与"现代教学技术"相结合。华东师范大学叶澜教授认为，高效课堂应该做到平实、真实、丰实、扎实，这"四实"是衡量课堂教学是否高效的重要标志。首先，教师在教学中要讲求实在。实实在在地设计教学，实实在在地落实教学目标，实实在在地完成教学任务。其次，教师应该还原课堂的本来面目。提倡自主创新、张扬个性与合作学习，但必须从教学实际出发，在继承优良的基础上改革和创新。不能丢掉传统，盲目地追赶潮流而使课堂教学失去本真。再次，学生在教师的指导下，在掌握基本知识的前提下有所升华。最后，课堂教学要有实际意义，要根据已经设计的目标、方法和学生的学习任务而使大多数学生能够学有所得，而不是仅限于少数学生与教师互动，大多数学生充当听众。

"三个允许"：允许学生出错，允许学生质疑，允许学生争辩。让学生在"错误"中绽放美丽。教师在课堂教学中要以学生引路人的姿态出现，态度和蔼可亲，作风民主正派，充分尊重学生的主体地位。让学生发表不同的意见，提出不同的问题，这样学生才能做到"不唯书""不唯师"，勇于提问，敢于质疑。如果我们能够营造出"民主、平等、尊重、理解、关注、赏识"的新型师生关系与和谐愉悦的课堂教学氛围，就可以使学生身心愉快、思想活跃，结出课堂教学高效率的硕果。

"三个转变"：转变灌输教学为启发式教学，转变学生被动听课为主动参与，转变单独知识传授为知能并重。课堂上教师要当"公关"，要激励、唤醒学生的主体意识，变"要我学"为"我要学"，教师要主动接近学生，通过平等、民主的师生交往，了解学生的知识需要与情感渴求。

"四个带入"：要把激情带入课堂，把才智带入课堂，把微笑带入课堂，把趣味带入课堂。轻松愉悦的课堂氛围是课堂教学高效的基础，心理学家研究发现，人在轻松的氛围中思维处于最佳的状态。学生也只有在轻松、和谐、愉悦的课堂氛围中，才能有最理想的学习状态。教师应善于运用一些策略，创建和谐的课堂氛围。教师亲切的笑容、适度的幽默、鼓励性语言、有趣的引入、精练的概括、幽默的启迪、意犹未尽的结尾、丰富多彩的活动，为学生提供敢想、善思的良好环境，使学生以创造者的身份进入课堂教学情境中，从而实现对知识的学习和掌握，对技能的训练和提高，获得最大学习效益的课堂。

"综合"评价：新课程改革倡导"立足过程，促进发展"的课程评价，注重培养学生包括积极的学习态度、实践能力和创新意识以及健康的身心品质等多方面的综合发展，为学生的终身发展奠定基础。所以，高效课堂的综合评价应该包含：教学目标、教学活动、教学能力、教学反馈、教学组织与管理等。而原有的以传授知识为主的基础教育课程的功能要发生转变，评价的功能也应发生根本性转变，不仅是检查学生知识、技能的掌握情况，更关注学生掌握知识、技能的过程与方法，以及与之相伴的情感态度和价值观等非智力因素的形成；评价不再是为了"选拔和甄别"，而是帮助我们"创造适合学生的教育"，为学生发展服务，建立能激励学生学习兴趣和自主学习能力发展的评价体系。评价方法改变了，课堂教学也会随之而变；评价多元化了，课堂教学也会多元化了，这就是我们常说的"指挥棒"，强调的是评价的重要性，形成以评价促改革、以评价促发展的新课堂。

（三）拟达到的目标

1. 总体目标

本课题研究的总体目标是通过课堂教学实践研究，构建高效的课堂教学模式。通过我校教学质量分析、反馈与指导系统，通过对教学方案、教学过程、教育质量、教学评价过程进行动态指导和示范，较好地把我校的教育质量状况，教育存在的问题进行原因分析、帮助寻求解决方案。不断探索教育发展规律、学生成长规律，为课堂教学质量改进教育教学工作提供科学依据，促进学生全面发展。

2. 年度目标

准备阶段（2015年1—5月）。①对本校及本镇乃至本区的教育教学质量及教学模式进行现状调研和理论研究。②分析农村学生学习物理的困惑之处，做好预测工作。③对选定的课题进行论证，制定课题研究方案，申报立项。④广泛收集资料，学习有关"问题意识"等方面的文献资料。⑤拟订课题实施操作方案，请专家指导，进行开题论证，在第二次会议上确定实验班和对照班，基本明确课题的实施方案。

初步实施阶段（2015年6—12月）。①提出高效课堂教学的方案及实施策略，通过实施的方式、程序、问卷调查、收集及处理的办法，并选取个别班级进行试点研究与实践。②课题组按照操作方案初步实施研究。采取边上实际课例边记录思考，边学习边总结的方法，不断完善课题研究的方案。③定期开展研究活动，研究理论教育的内容、途径、方法，着力研究课内外相结合的操作方法。④邀请专家指导实施研究。

正式实施阶段（2016年1月—2019年12月）。①按照研究方案具体实施研究。②课题组积累资料，装订入档。③研究中学物理教学兴趣培养存在的问题，分析问题的成因，得出解决问题的实效性方案，形成多个子课题论文，组内成员交流。

总结阶段（2020年1—12月）。①撰写课题研究报告和研究工作报告。②收集整理分析资料，总结梳理实践经验，提出修改建议，完善方案。健全资料，装订入档。③撰写结题报告。

最终完成时间为2021年5月，最终成果形式以课题论文；课题材料分类整理成册；结题报告；优秀课例选；总结实验班级及非实验班级的教育教学质量的比较研究，完善教学策略的研究。让高效课堂教学策略为我校教育教学改革及教学质量提供参考，为我区的教育教学改革提供示范。开创我区课堂教学改革的新局面，全面提升我区中学物理的教育教学质量。

三、课题研究的对象、思路、方法

（一）课题研究的对象

本课题研究的对象为我校8～9年级的部分学生。本课题研究中，学生既是被试，也是主试。在课题研究中教师应是生命的牧者，而不是拉动学生的"纤夫"。教师在教学中要尽可能"略见自我"，把教学内容从一大堆知识点转变为学生对物理学习的兴趣。借助学生的本能力量的调动，针对不同层次学生，通过课堂教学形成教育的新的动力方式和动力机制，创造最大的空间迎接学生积极飞扬的学习。

（二）研究的思路

认真学习先进理念，一切为了学生，高度尊重学生，全面依靠学生，积极研究目前各类已知其他学科的分层教学模式，挖掘出有效的理念与思路，探索小学生物理问题意识培养在理论与实践中提升。

积极实践，在探索农村学生学习物理知识兴趣的前提下，在教学活动的进程中不断完善教学策略，提高课堂教学效率。有效教学需要教师掌握有关策略性的知识，以便自己面对具体的情境能做出决策。

不断地反思自己的日常教学行为，持续地追问"什么样的教学策略才是有农村学生需要的？""我的教学有效吗？""怎样能更大程度地提高教学成效？"并及时反思不断完善。本课题立足于对学生物理素养现状和物理学习兴趣现状的调查与分析的基础，着力探寻培养学生物理素养，提高农村学生学习物理兴趣的有效策略，并付诸实施，最终总结一套可供借鉴的途径和方法。在课题研究的过程中分四大步开展研究：首先，总结出农村中学物理高效课堂构建的原则；其次，构建了"10+25+10"教学模式；再次，建立农村学校物理教学开展"创客教育"的策略研究；最后，构建了城乡联片教学。充分发挥牵头学校的辐射带头作用，城乡之间的联片联动，强校带动弱校，以点带面，资源共享，相互帮扶，实现课程改革的联片教研共同体的推进。

（三）课题的研究方法

1. 文献资料

搜集、整理与课题有关的教育教学理论，为课题研究提供充实可行的理论依据。

2. 问卷调查

了解学生对物理课堂知识的认知规律、学习态度、在学习过程中遇到的问题及学生理想中的课堂结构形式，使课题研究更适合学生的具体情况。

3. 教育实验

对教学方案及教学内容的设计进行探究，通过对比实验法，发现、验证因果规律。

4. 经验总结

对课堂教学方式的灵活变化将主要知识串联起来，探求课堂教学设计的高效策略。

5. 研讨交流

对教学活动的参与度以及对知识点的理解程度，平均完成课堂练习的时间、分析作业完成情况、阶段性检测等手段，进行研讨、相互交流，探究教学方案设计的科学性、严谨性和合理性，达到更好实现高效教学的目的。

6. 案例研究

对研究性作业要采取案例研究，通过公开课、研究课，探求研究性作业在激发学生学习兴趣中的积极作用，探求研究性作业的组织形式、过程、步骤、评价方法等，及时总结经验，吸取教训，不断改进。

四、课题研究基础与保障

（一）参加者的学术背景和组成结构

本课题主持人杨细梅教课题研究期间获得过"广东南粤优秀教师""惠州市首席教师""惠州市十佳教师""惠州好人""惠州优秀教研工作者""仲恺区名教师"，论文获得区一等奖和市一等奖，被聘为惠州市教师培训者人才库成员等。她既是课题的研究者又是实践者，由她带领全校物理教师参与试验和实践。课题参加者中有经验丰富、管理理论与教学水平都非常高的中级教师、科组长和学科骨干教师，他们基本都是青年教师，有较强的教研能力及专业水平，拥有较强的组织能力，课题研究能力较强，为实验的开展提供了人员保障。

（二）条件保障

一是资金保障。学校领导积极鼓励课题研究，坚持科研兴校策略，在设施设备和经费上给予大力支持，为课题研究提供保障。二是设备保障。每位成员都有电脑，学校办公室也配备了电脑，开通了互联网，能方便快捷地上网查寻资料，有利于各项研究工作的深入开展；同时，学校还有电教平台、图书室、摄录机、数码相机、打印机、移动U盘等多项设备，便于各项研究资料的搜集整理，确保畅通地收集资料和学习、分析、探讨课题研究。三是时间保障。为确保课题研究顺利开展，课题研究小组初步定于每学年举行一次课题小结研讨会，组织若干次课题组内的研讨活动，定期收集整理课题实验阶段性成果，便于课题的分析研究。

五、课题研究具体过程

我校物理课题组于2015年6月开始开展惠州市教育科学课题研究，现在该课题研究工作已接近收尾阶段，现将本课题研究工作开展情况及收获做一小结。

（1）成立课题研究小组对学生的学习情况进行了全过程的跟踪记录，并与以前的成绩做比较分析。

（2）在学生中开展课堂教学效果问卷调查。

（3）组织研究小组一起探讨如何让农村中学课堂教学中厌学的学生重新对学习产生兴趣及如何提高学生的参与积极性。

（4）组织研究小组一起探讨如何利用实验创新激发农村学生的潜能，挖掘内动力，提高学习效率。

（5）组织研究小组一起探讨"10+25+10"教学模式的教学策略。教师在常规教学中，如何把握"导学案"的有效使用。

（6）组织研究小组一起探讨农村学校物理教学开展"创客教育"的策略研究。

（7）组织研究小组一起探讨"城乡联片教学"策略对学生内动力的影响。

六、课题研究成果与成效

通过五年的努力探索与实践，学生的知识、能力与综合素质及教师的科研能力等方面确实发生了明显变化。

（一）总结出农村中学物理高效课堂构建的原则

1. 尊重学生个体

农村中学物理高效课堂是教师与学生之间、学生与学生之间进行着思想交流、思维碰撞，彼此之间进行着平等对话，不断产生新的思路和观点，是生命的相融、相悦，彼此之间求同存异。教师不是课堂的"独裁者"，也不是知识的"灌输者"，不能将自己的思想和观点强加给学生；学生不是课堂的从属者，也不是知识的"容器"，教师和学生都是具有独特性的生命个体，是完整意义的人。

2. 要让课堂和谐

农村中学物理高效课堂不是预先设计教案的执行过程，而是一个动态生成的过程。虽然我们在备课时精心预设学生在课堂上可能出现的各种情况，但还是会出现各种预设之外的东西，这时我们若随着学生的思维和情感调整教学环节，即使是学生错误的资源也不放过，这就造就了动态的、美丽的和开放的高效课堂，不仅学生的思维能力得到了培养，而且提升了教师的课堂驾驭能力。

3. 要尊重学生差异

每个教师由于学历、经历不同，其教学过程与教学结果也会不同。每个学生都是独立的个体，是发展中的人，学生上课之前在其头脑中就已经具有与课堂教学内容相关的一些知识和经验，这些相关的知识和经验成为每个学生个体学习发展的基础。高效课堂上允许有各种优势特长、能力水平的教师与学生存在认识和认同上的差异，教师和学生可以从差异中学到可借鉴的经验，促进双方共同进步和互相理解，从而进一步推动课堂教学的和谐发展。

（二）构建"10+25+10"教学模式

我与同教研组教师通过"集体备课、开研讨课、交流反思、总结提升"，将高效课堂理念落实到课堂教学实践的探索中，初步构建了"10+25+10"教学模式。

教师活动：创设情境→自主学习→小组合作→精讲点拨→拓展练习。

学生活动：提出问题→独立探究→合作交流→掌握新知→实践运用。

"10+25+10"教学模式流程表如下表所示。

时间	目标和任务	要求
新课的前两天	教师（集体）备课，印刷导学案	优化设计
新课的前一天	发导学案，布置前置性（预习）作业	明确任务，强调检查
上课的0~10分钟	检查预习作业，呈现学习目标	小组检查，落实到量化评分
上课的10~35分钟	讲授新课，（演示实验）学习小组参与讨论和分析	生动活泼，参与度高
上课的35~45分钟	课堂检测，点评题目，布置作业	有效
课后	批改作业，反思教学	认真负责

在这种教学模式中，教师按照教学目标进行教学设计，引导学生通过动手操作、自主探索、合作探究、展示交流学习新知，然后教师对典型问题和共性问题进行精讲点拨，再让学生运用知识解决问题，拓展提高，检验评价目标达成情况。课堂上教师成了学习活动的组织者、引导者，教师的教转化成了学生的学，学生在活动中亲历了知识的产生过程，自主建构了知识网络。学生的主体性、主动性得到充分发挥。

（三）建立农村学校物理教学开展"创客教育"的策略研究

（1）依靠课堂实验，开展小型项目学习，营造了浓厚的教学科研氛围，不仅提高了项目成员的技能与教学水平，而且提高了学校整体的物理教学质量，还改善了学生原有的课堂习惯和学习氛围。

（2）废物再利用，创意小制作，让学生大胆去尝试创作，将想法付诸行动，保持学生的思维活跃，且不管其想法如何天马行空，等其有了各方面素养时，就可以等待学生创造奇迹。

（3）跨学科研究，开展长期项目学习，让学生知道物理知识就在身边，想要获得知识，要学会坚持、坚持、再坚持。

（4）指导学生撰写论文，在校内展示成果。在项目开展过程中，项目组成员不定期进行总结分析，找出需要改善的地方和提出现有的问题，以便及时解决。同时，在教学常规中，项目组成员会进行集体备课；教师参加各项比赛，项目组成员会多次组织演练和改进，以求用最佳状态出赛。通过项目研究，形成一批朝气蓬勃、求真务实、锐意创新的教师队伍。

（5）发明的"一种水帘式空气净化器""一种四旋翼双层固定翼混合飞行器""一种太阳能四旋翼飞行器"国家实用新型专利。

（四）构建了"城乡联片教学"策略

1. 全市首创了一条创新性的联片教研方式

联片教研共同体的建立与实践，创建了县教研室、区片、学校、教研组四级一体化的教育教学研究指导模式和教研机制，大大激活了学校内部的教研潜力，加大了学校教研团队的建设，提升了学校教师的教研能力。

2. 构建了联片整体推进课程改革的方式

在县教研室指导下，充分发挥牵头学校的辐射带头作用，学校与学校之间互相联动，强校带动弱校，以点带面，资源共享，相互帮扶，实现课程改革的联片教研共同体的推进。涌现了一大批标杆学校，影响了一大批薄弱学校。

3. 创建了促进教师专业发展的路径

以研促训，研训一体，促使片区的教师要进行"共同计划、共同备课、共同说课、共同上课、共同研讨、共同研究、共同检测、共同联考、共同分析、共同总结、共同评选"，从而丰富校本教研的形式和内容，共享和优化区域的教育教学资源，有效促进我县教师专业化成长。

（五）学生方面

1. 学生学习物理的兴趣明显提高

我们在物理教学中能有效组织小组管理学习、精心组织教学、合理设计导学案，并合理应用导学案，在教学中不断加入一些有趣的游戏、有趣的实验，将生活例子引入物理课堂，并将物理知识用到我们的生活中去。同时，我们坚持每节课都留出一定时间，让学生突发奇想，常发疑问，或由教师提出带有启发性的问题，让学生"带着激情、带着悬念"走向课外，这样不但极大地激发了学生的兴趣，还充分调动了学生学习物理的积极性。

2. 学生的综合能力明显提高

心理学研究表明：能力是活动的结果。由于"策略得当"的物理教学课堂提供的活动形式丰富多样，活动舞台和活动空间广阔，再加上实验创新、创客、城乡联片学习等活动，让学生在学到知识的同时，还锻炼了学生的动手能力，独立思考的能力，缜密的思维能力，语言表达能力，人际交往的能力，整理、归纳的能力，团队合作能力，让学生深深地体会到"帮助别人的过程，也恰恰是自己能力提升的过程"，使学生变得更加自信，为继续学好物理奠定了坚实的基础。

学生考试成绩稳步提高。以下是我校2016—2020年的统考成绩一平二率对照表。

年份	班级	平均分/分	优秀率/%	及格率/%
2016	八级实验班	72.8	36.6	80.3
2016	八级非实验班	55.2	19.9	58.8
2017	九级实验班	73.2	34.8	82.0
2017	九级非实验班	54.2	17.9	57.8
2018	八级实验班	74.8	41.5	86.1
2018	八级非实验班	56.4	21.4	59.4
2019	九级实验班	77.7	45.3	89.6
2019	九级非实验班	55.7	19.8	57.2
2020	九级全级	72.7	34.2	78.4

从上表可看出，我校在八年级部分班级开始实行"农村中学高效课堂教学策略的研究"这种教学策略后，实验班与非实验班学生的成绩有很大差距，实验班的学生进步很大，低分率也大幅度降低。因此，九年级后全校物理开始普及"农村中学高效课堂教学策略"，在近五年中考中，我校物理中考成绩在区里各学校成绩提高幅度是最大的，在2019—2020这两年中考中，我校的优秀率、平均分和及格率在区排名第一，且低分率比以往都大幅度降低了。近几年，我校均获得仲恺高新区物理单科进步奖。

（六）教师方面

1. 物理教师教学理念的转变

课题的实施让教师对自己的角色有了重新认识，定位明显转变。一是由"权威"向"非权威"转变，二是由"指导者"向"促进者"转变，三是由"导师"向"学友"转变，四是由"信息源"向"信息平台"转变，五是由"统治者"向"平等中的首席"转变。教师更新了观念，将学习的主动权还给学生，教师树立了为学生服务的意识，课堂呈现出学生生动、活泼、主动学习的场面，师生关系和谐融洽。

2. 物理教师教学能力显著提升

"我与课题共成长"，这是我们每个实验教师的信念。

从准备阶段的理论学习，到研究过程中的讨论研究，再到总结并编写报告，撰写论文、心得体会等，我们是一边学习一边研究，一边解决问题一边又提出问题，进而又去解决问题，就这样在不断的循环往复中，我们的理论水平和实践能力都得到了提高。通过实践研究，多层面的、新型的师生关系在逐渐形成。教师正在从执教者变为引导者、参与者、点拨者、推动者、咨询者、资料推荐与提供者。通过实践研究，"以学生发展为本，为学生发展而教"的新理念已牢牢地扎在了我们心中。学生有提问的权利，学生有提问的能力，学生会研究，研究能成功，这样的认识已深深地根植于我们的教学观念之中，并将不断地指导着我们的教学活动。因此，樊佩仪等多位教师在资源征集检测题测试卷、命题、课件、微课、录像课项目中荣获区级奖项共100人次，精心设计的相关优秀课例有20多篇；出色完成校级、区级、市级公开课达15节，开设讲座24次，撰写的相关获奖论文24多篇，其中在杂志上发表的有6篇。实验创新获奖16项，其中有3项获国家级实用新型专利。本课题主持人杨细梅被评为"广东省南粤优秀教师""惠州市优秀教研工作者""惠州市首席教师""惠州市十佳物理教师"，多位教师被评为"区优秀班主任""师德建设先进个人""镇优秀教师"。由于教学成绩显著，我们物理科组多次荣获"区优秀教研科组"的称号。

七、研究成果推广的范围

（一）校内推广

在研究过程中，本课题"农村中学高效课堂教学策略的研究"从最初的2个实验班级推广至全校20个班，学校层面整体规划，通过公开课、探讨课、交流课等，促使全体物理教师参与课题研究，扩大了课题研究的范围，也提供了丰富的案例。通过不同层次学生采用不同教学策略，使全体教师都能参与"农村中学高效课堂教学策略的研究"课题研究，提升了全体教师的教学水平。

（二）校外推广

（1）"农村中学高效课堂教学策略的研究"在提升本校教师教学水平的同

时，也带来了学校教学的整体变化，促进了学校教学特色的形成，凸显了我校的教学特色。在仲恺区公开课、优质课中备受关注，随着前来"取经"同行的效仿、践行，本课题的研究成果得以进一步推广。

（2）"农村中学高效课堂教学策略的研究"改变了传统的"老师问，学生答"教学模式，使得学生参与到教学活动中来，充分调动了学生学习的积极性，锻炼了学生方方面面的能力，使学生善于发现问题，培养学生的自主探究能力和创新能力，为培养适应未来社会发展需要的人才打下了坚实基础。

（3）农村学校物理教学开展"创客教育"的策略研究，促进了我校教学特色的形成，得到教育主管部门认可、同行刮目相看的同时，提高了办学效益。改变传统的"满堂灌"教学模式，将教师从课堂教学中解放出来，以领导者、参与者、评价者的角色参与到教学中来，既减轻了教师的负担，教育理念与时俱进的同时，也提升了教师的教学水平，使更多教学工作者享受到职业幸福。

（4）构建了"城乡联片教学"策略，提升了县域内教学质量。促使了教研活动承办学校对校园环境进行建设和改造，薄弱学校得到优质学校的帮扶，提高了学校管理效率。师生教学方式也有了很大的改变，学生成为真正的学习主体，极大地激发了学生的学习积极性，学习成绩普遍得到提高。

八、课题研究的反思与努力方向

在5年的课题研究过程中，我们体会到了研究的辛苦，体会到了课题组团结协作的精神，体会到了课题研究提升了教师的素质、教学能力后的快乐，体会到了学生在知识、能力与综合素质发生了明显变化后的喜悦，也更加深刻地体会到了本课题研究的重要性。当然，在取得了一定成绩和收获的同时，也发现了一些问题。

一是农村学生的知识水平存在着较大差异，这个差异在学生进校门的第一天就已经存在了，它增加了学生学习物理知识的难度。

二是学生学习物理兴趣的提高单靠课堂上的教学成效较低。

三是学生的潜能与内动力的挖掘不是一个学科的教师可以提高的，它需要学校全体教师的关注和努力。

四是在课题研究过程中，教师的研究能力确实得到了提高，但视野还不够开阔，缺乏将实践经验与理论相结合的能力。

五是学生的知识储备急需增大。如"创客教育"对学生的知识储备能力、观察能力、动手能力要求较高。我发现，我校学生的知识储备有待增大。

六是工作的推进有待加强。其一，部分班级积极性不高；其二，是部分教师对课堂的组织能力有待加强。

针对以上情况，确定了今后的努力方向。

第一，本课题研究还需要考虑到学生知识水平的差异，教师在教学中要有针对性地开展教学，让各个层次的学生都得到一定的提高。

第二，多开展课外实践活动，提高学生学习物理的兴趣。

第三，继续加强对家长的沟通与教育，积极争取家长的理解和配合，或许可以开展相关的家长宣传，让我们的学生不管是在课堂上，还是在家里，都有一个自主学习、大胆提问的空间。

第四，继续加强理论学习，学习先进的教学理念、灵活的教学方法，并应用到自己的课堂中去，努力提高实验的总结能力。

第五，周末布置一些实践活动，让学生回家后多观察、多思考、多动手。

第六，继续加强实践研究，努力把本课题拓展为一个学校的集体课题来开展，继续研究出更有价值的物理教学策略。

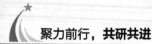
"农村中学高效课堂教学策略的研究"
课题实施过程问卷调查分析报告

在课题实施过程中，我们选择了我校2019届学生为研究对象，从八年级追踪到九年级一个完整的物理教学循环。考虑到不同科任教师的教学差异和九年级分层教学带来的影响，除去重点班和后进班，我们选择2班、3班、4班、6班为实验跟踪对象，其中，3班、4班实施农村中学高效课堂教学策略，2班、6班未实施农村中学高效课堂教学策略；2班、3班由一个科任教，4班、6班由另一个科任教。于2018年6月19日及2019年5月20日，进行了2次有关物理学习兴趣的问卷调查。这2次问卷调查为不记名问卷调查，总共投放220份问卷表，覆盖2班、3班、4班、6班全体学生，回收220份问卷表，无空白、弃权卷，有效卷220份。在进行这2次问卷调查的分析时，我们采用从3班、4班和2班、6班各随机抽取回收问卷表50份进行数据分析，数据覆盖率达到45.5%。现将课题实施过程调查问卷结果分析总结如下。

一、问卷内容

1. 性别（　　　）

　　A. 男　　　　　　　　　　　　B. 女

2. 将物理学科与其他学科相比较，你觉得它的难度（　　　）

　　A. 最容易学　　　　　　　　　B. 较容易学

　　C. 较难学　　　　　　　　　　D. 最难学

3. 你对物理学科的兴趣在各学科中是（　　　）

　　A. 最感兴趣　　　　　　　　　B. 较感兴趣

　　C. 不怎么感兴趣　　　　　　　D. 最不感兴趣

4. 你的物理老师上课时有没有做实验？（　　　）

　　A. 经常　　　　　　　　　　B. 较常

　　C. 较少　　　　　　　　　　D. 很少

5. 你的物理老师按什么方式做实验？（　　　）

　　A. 没做实验　　　　　　　　B. 按课本做演示实验

　　C. 做创新演示实验　　　　　D. 引导学生做探究实验

6. 你觉得现阶段所学的物理内容跟之前的相比（　　　）

　　A. 较易学　　　　　　　　　B. 差不多

　　C. 较难学　　　　　　　　　D. 很难学

7. 若遇到较难的物理知识，你还有没有兴趣学习物理？（　　　）

　　A. 克服困难，更努力学习

　　B. 上课时听得明就学，听不明就不学

　　C. 难的内容不学，容易的内容才学

　　D. 以后都不学了

8. 你的物理学科成绩在各学科中处于什么水平？（　　　）

　　A. 最好　　　　　　　　　　B. 较好

　　C. 中等　　　　　　　　　　D. 较差

9. 在下列讲课方式中，你比较喜欢的是（　　　）

　　A. 风趣幽默　　　　　　　　B. 严肃严谨

　　C. 从头到尾满堂讲　　　　　D. 边讲边练

10. 在旧/新模式下的物理课上你是否能紧跟课堂内容，思维高度集中，一直很兴奋（　　　）

　　A. 始终是　　　　　　　　　B. 多数时候是

　　C. 有时是　　　　　　　　　D. 从来都没有

11. 你认为怎样的课堂形式更能有效提高学习成绩（　　　）［多选题］

　　A. 应用导学案　　　　　　　B. 小组交流、讨论与合作

　　C. 当堂练习、当堂讲解　　　D. 一课一练，一周一测试

12. 你觉得影响你的学习情绪和学习效果的主要因素是（　　　）［多选题］

　　A. 老师的教学方法、方式和手段

　　B. 老师的说话语速、语言的组织和清晰度

　　C. 课堂的学习气氛

　　D. 我自己的心情

二、问卷的原始数据

（一）八年级原始数据

题号	3班、4班				2、6班			
	A	B	C	D	A	B	C	D
1	50%	50%	–	–	46%	54%	–	–
2	8%	38%	52%	2%	4%	10%	68%	18%
3	8%	62%	26%	4%	8%	34%	48%	10%
4	22%	50%	24%	4%	8%	28%	42%	22%
5	2%	72%	20%	6%	8%	78%	6%	8%
6	12%	48%	36%	4%	4%	36%	54%	6%
7	58%	24%	12%	6%	42%	38%	16%	4%
8	4%	24%	36%	16%	4%	6%	24%	66%
9	88%	0	4%	8%	64%	6%	2%	28%
10	98%	2%	0	0	0	0	95.8%	4.2%
11	100%	100%	100%	100%	80%	70%	60%	50%
12	100%	100%	100%	0	100%	100%	100%	3%

（二）九年级原始数据

题号	3班、4班				2班、6班			
	A	B	C	D	A	B	C	D
1	54%	46%	–	–	48%	52%	–	–
2	6%	56%	36%	2%	4%	14%	64%	18%
3	12%	60%	26%	2%	10%	34%	48%	8%
4	20%	54%	22%	4%	6%	30%	42%	22%
5	2%	74%	20%	4%	10%	80%	2%	8%
6	10%	52%	34%	4%	2%	36%	56%	6%
7	52%	30%	12%	6%	40%	38%	18%	4%
8	8%	38%	24%	10%	2%	10%	60%	28%
9	60%	0	0	40%	90%	0	0	10%
10	96%	2%	2%	0	0	0	95.8%	4.2%
11	100%	100%	100%	100%	90%	90%	80%	60%
12	100%	100%	100%	0	100%	100%	100%	3%

三、调查问卷结果分析总结

（1）抽样分析较为真实反映全体学生情况，男、女样本数较为均衡。

（2）实施了农村中学高效课堂教学策略的与未实施的区分度比较大。实施了农村中学高效课堂教学策略的3班、4班学生认为：物理知识的难度中等，九年级比八年级简单些；普遍能紧跟课堂教学内容，思维高度集中，一直很兴奋。而未实施农村中学高效课堂教学策略的2班、6班学生认为：物理知识的难度较大，九年级比八年级还要难些；普遍不能紧跟课堂教学内容，思维没有高度集中。造成这两种不同的观点，可能是跟学生的学习兴趣、自信心有关。

（3）有效提升学生学习物理的兴趣。实施了农村中学高效课堂教学策略的3班、4班学生学习物理的兴趣有较大提高，对物理学习感兴趣的学生达到70%左右，而未实施农村中学高效课堂教学策略的2班、6班学生学习物理的兴趣较低，对物理学习感兴趣的学生只有40%左右；而整体来说，比课题开展前全年级的30%左右的数据都有提高，可能是经过了八年级一年的学习，学生的心性趋于成熟，对学习抱有更大的期望所致。从总的数据分析来看，实施农村中学高效课堂教学策略对提高学习物理兴趣有较为明显的促进作用。

（4）有效提升学生自我学习的意识。实施了农村中学高效课堂教学策略的3班、4班学生100%认为有效提高学习成绩的方法有：应用导学案，小组交流，讨论与合作，当堂练习，当堂讲解，一课一练，一周一测试；而未实施农村中学高效课堂教学策略的2班、6班学生只有80%认为应用导学案，70%认为小组交流、讨论与合作，60%认为当堂练习、当堂讲解，50%认为一课一练、一周一测试可以有效提高学习成绩。这说明实施了农村中学高效课堂教学策略后，学生兴趣得到提高，自我学习意识也得到提升，并且九年级比八年级更明显。

（5）存在问题。从这两次抽样分析发现，与课题实施前摸底问卷调查结果相比较，学生认为课堂上安排实验有所增加，实验也有了较大的创新，但基本是满足物理课本的实验，创新实验、引导学生探究实验还是较少。这是学校承受升学压力的表现之一，教师上课时不敢大胆开设创新实验，主要开展些常考试的实验项目。这也是创新教育和应试教育的矛盾冲突之一。

"农村中学高效课堂教学策略的研究"
课题成果推广辐射材料

一、讲座推广活动

2020年9月，我在仲恺高新区举行了"农村中学高效课堂教学策略的研究"这一课题的讲座，讲座上主要介绍了这一课题的内涵与研究意义。这一课题是在新课程理念变化的基础上，研究如何让学生学会、会学、乐学、创造性地学习，从有效学习走向高效学习；研究如何能最大限度地解放学生，进而解放教师，把学习的权利还给学生；研究如何建立学生自主、合作、探究的学习策略和评价策略。

教师利用休息时间跟我一起探讨"生本理论下的初中物理教学模式探究"这一课题的教学模式在开展过程中将会遇到的问题以及解决办法。

二、课堂实践推广活动

在潼侨中学举行"生本理论下的初中物理教学模式探究"的课堂教学模式实践与研究。

在潼湖中学举行"生本理论下的初中物理教学模式探究"的课堂教学模式实践与研究。

在仲恺二中举行"城乡联片教学"策略的课堂教学模式实践与研究。

惠环中学利用云课堂，进行全区共享！

仲恺四中利用小组合作，培养学生主动参与的意识、共同合作的团队精神，以最大限度提高学习效率！

　　创客教育指导学生掌握电子制作手工焊接技术。

　　任何电子产品，从几个零件构成的整流器到成千上万个零部件组成的计算机系统，都是由基本的电子元件器件和功能构成，按电路工作原理，用一定的工艺方法连接而成。虽然连接方法有多种（例如，绕接、压接、黏接等），但使用最广泛的方法是锡焊。

　　手工焊接的工具：电烙铁、铬铁架、焊具、焊锡丝、热风枪、焊头、主微焊接工具。

　　锡焊的条件：①被焊件必须具备可焊性，②被焊金属表面应保持清洁，③使用合适的助焊剂，④具有适当的焊接温度，⑤具有合适的焊接时间。

教学策略，革故鼎新

浅谈中学物理教学中"以问题为中心"的教学模式

新课程改革的核心是培养学生的创新精神和创造能力，是改变过于强调死记硬背、机械训练的现状；是倡导学生勇于探究、乐于学习、勤于动手；是注重对学生进行探索物理知识的过程和学习方法的训练，以此激发学生发现问题、提出问题、分析问题和解决问题的兴趣，形成求学必需的质疑态度和批判精神。如果没有科学的教学方法，就难以获取预期的教学效果。而"以问题为中心"的教学模式是一种问题解决模式：教师引导学生发现问题—学生分析问题、提出设想—学生通过探究解决问题—师生共同归纳总结。这种教学模式的创新特色，集中体现在纵向上以问题贯穿教学全过程，横向上由学生自己探究学习、归纳总结，从而真正做到了培养学生的创新精神和创造能力。

一、挖掘教材设计问题，引导学生成为学习的主体

在课堂教学中，教师要善于把教材中既定的物理观点转化为问题，以展现知识的发生和发展过程，借助具有内在逻辑联系的问题设计，促使学生思考，逐步培养学生自己发现问题、分析问题和解决问题的能力，使学生真正成为意义的主动建构者。例如，我根据教材中的"真空不可以传声，光可以在真空中传播"设计出这样的问题："假若真空可以传声，真空不可以传光，这个世界会变得怎么样？"学生进行讨论发现，宇宙太空每时每刻都存在比原子弹爆炸还可怕的声源，若真空可以传声，地球上的动物早已因为无法忍受而灭绝。而假若真空不可以传光，地球将会是漆黑一片，白天看不到太阳，夜晚看不到月亮和星星。地球上的物种也会因失去太阳的光辉而灭绝。我还就"光在同种均匀物质中是沿直线传播的"设计成：假若光不是沿直线传播会有什么样的情景？并对"日本科学家发明的隐身衣原理"这个热点话题展开讨论，课堂教学

气氛十分活跃。这样通过挖掘教材，以问题为契机，精心设置问题，让问题在学生新的需求与原有水平之间产生冲突，激发了学生的学习动机，不断地切入学生思维的最近发展区，不断地缩短学生原有水平与学习目标之间的距离，从而拓展学生的思维能力。

二、联系实际设计问题，激发学生探究动机

在传统的教学中，教师是主角，学生是观众，教师在想方设法使知识易于被理解和接受，学生被要求专心听讲，学生的地位是被动的。久而久之，学生只会处理已简化了的物理对象和理想化的物理模型，遇到实际问题就不知所措。因此，教师必须结合生产和生活中的实例，不断创设问题情境，培养学生从实际问题中抓住主要因素，勇于探究，运用学过的物理知识成功地解释或解决日常生活中的一些现象和问题。这样学生不但会感到一种学以致用获得成功的喜悦，而且能激发学生积极思考，培养运用所学的知识动手动脑解决实际问题的好习惯。例如，在讲"液化"时我联系生活实际尝试改成这样的问题：①一杯热水冒"白气"与冰棍冒"白气"有什么不同？②冬天为什么能看到口中吐出的"白气"，而夏天却看不到？③夏天打开冰箱门，为什么能看到"白气"，而冬天却不能？④夏天为什么常会看到水管"冒汗"，而冬天却不会？

三、联系学生的知识，层层深入提出问题，引导学生归纳总结

有效的教学手段，应能最大限度地调动学生的感知器官，激起学生高度的学习兴趣和最大限度的集中注意力，连续不断地启发学生积极思维，促使学生真正主动地"跳一跳""摘到桃"，这才是真正的现代教学观，更加符合学生的求知欲望，促使整个教学质量的提高。这就要求教师要联系学生已有的知识，层层深入提出问题，精心设"疑"布阵，创设出能使学生"我要学"的情境，以便营造探究的氛围。同时，教师要根据学生在感知、探索过程中得到的结论或观点引导学生归纳小结，对旧知识进行加工、整理和完善，启发学生举一反三、由表及里、由浅及深地解难，或启迪学生转换思维角度去解疑。例如，学了压强知识后，我提出下列问题：①为什么坐板凳比坐圆木舒服，而坐软沙发比坐木凳更舒服？②扁担中间为什么要做宽一些？若换用圆木棒挑重担会有什么感觉？③用扁担挑重物与轻物又会有什么不同的感觉呢？④影响压强

的因素有哪些？⑤在生产和生活中，还有哪些是增大压强和减小压强的实例？人们是怎样增大压强和减小压强的？

总之，"以问题为中心"的教学模式是教师主导作用和学生主体作用的和谐统一，它的关键在于问题设计。因此，问题设计要符合学生的知识背景、思想现状和思维特点；要具体明确，避免出现教师提出的问题大而无当，内涵外延不明确，使学生无从下手；要精，能举一反三，触类旁通，更不可为问题而问问题，流于形式，耗费时间。只有充分重视问题的设计并不断优化，以问题为中心去组织和开展教学，用问题去引导学生探究和归纳总结，才能真正使学生学得轻松、高效，课堂教学效益才能得到真正的提高。

体验生活，感悟物理知识

生活本身就是一个五彩斑斓的大课堂，也是教学的源泉，而教学是实现生活目的的特殊方式和主要途径。美国实用主义教育家杜威认为，"教育即生活"；中国历史上伟大的人民教育家陶行知认为，"生活即教育"。可知教育与生活是密不可分的，教育融入生活，才具有生命活力。我们教师应将生活中的教学资源与书本知识相融合，学生就会感受到学习知识的乐趣和重要价值，就会激发学生的学习兴趣，整个物理课堂才能焕发出生机和活力，才能使学生较好地感知和理解所学的内容，让学生在生活中边体验边感悟物理知识。

一、走出课堂，让学生在生活中体验和感悟物理知识

建构主义理论认为，每个学习者都有自己的经验世界，每个人都以自己的方式理解事物的某些方面，学生已有的个人知识、直接经验、生活环境都是很好的课程资源。物理知识来源于生活，生活中处处有物理。物理课程标准指出：让学生"有参与物理科技活动的热情，有将物理知识应用于生产、生活实践的意识，能够对与物理有关的社会和生活问题做出合理的判断"。因此，教师不要太过沉湎于自己的口才，在课堂上少说一点，多给学生一些活动的空间，多给学生一些表现的机会，让多姿多彩的生活实际成为物理知识的源头，让学生在生活中体验和感悟物理知识。例如，在讲授八年级"4.5水循环与水资源"时，我就明确强调此节课大家自学，带着疑问走出课堂、走进生活，在生活中体验和感悟物理知识。我只给学生布置"了解云、雨、雹、雪、雾、露、霜的形成""了解仔河的污染情况""了解本镇和全国水资源的情况"的作业（利用周末）。星期一上课时，学生都热情高涨，积极地投入小组的交流、讨论中。在交流中，深刻地了解云、雨、雹、雪、雾、露、霜的形成，同时，有的学生展示了通过家人找来的本地水资源的资料；有的学生拿出笔记本详细地

讲解自己亲身观察到埔仔河的各种污染，知道为何要珍惜用水！在调查过程中甚至有位学生用相机拍了很多生活中关于水资源的照片，并制成幻灯片给全班学生看，其中的部分知识，连教师都听得竖直了耳朵。如果教师能让学生走出课堂、走进生活，让学生亲自去发现和研究某种东西，亲自去把握具体的现象和事实，那么这种驾驭知识的情感就更加强烈，掌握知识就更加深刻。

二、让生活走进课堂，使全体学生共同感悟物理知识

建构主义的学习观强调，学生并不是空着脑袋走进教室的。在以往的学习中，他们已经形成了丰富的经验，问题一旦呈现在面前时，他们往往可以基于相关的经验，依靠他们的认知能力形成对问题解释，从而提高自己的学习能力。例如，在学习"流体压强与流速的关系"时，让学生将家里的蜡烛及自己常用的乒乓球、纸张等带入教室自设"流体压强与流速的关系"实验（如下图所示），进行交流、讨论，共同归纳实验结论。

所以，只要用心挖掘，每一节课的内容总能找到学生最熟悉的生活经验，让生活走进课堂，学生就能自己主动获取知识，起到事半功倍的作用。

三、参与生活实践，让学生在生活中得到感悟

知识来源于生活，应用于生活。"学以致用"是教学目标之一，如果学生不会将所学的物理知识合理地应用于生活实际，而只会"纸上谈兵"，那么我们的教育就是失败的。因此，物理教学不仅要从学生的生活中提出物理问题，还必须结合现实生活中的实际问题，让学生参与生活实践，运用物理知识和物理的思维方式去看待分析与解决问题，从而让学生在生活中得到感悟，使学生

体验到物理的价值，激发学生学习物理的兴趣，提高学生的实践能力，拉近学生的"知识世界"与"生活世界"的距离。例如，在学习"怎样用电才安全"时，我利用周末带领物理兴趣小组成员一同前往农村与城镇的房屋建设，对电线的安装及粗细问题进行观察，发现大多数房子所用的电线都是里面（支路）的细，（干路）外面的粗，同时每家每户基本上都安装了空气开关。我便指着空气开关问学生："同学们，为什么每家都装空气开关？"有的学生说："防止烧坏电路。"有的学生说："防止打雷。"恰巧那时来了位居民，我便提议让同学们去问问那位居民。学生立即围上去，七嘴八舌地发问，明白之后喜出望外地跑了过来告诉我是防止电流过大时烧坏家用电器。同学们同时还发现农村居民用的电线一般都比城镇居民的细，我问学生："为什么农村居民用的电线一般都比城镇居民的细呢？"学生通过调查及自己学到的知识，过两天后他们在课堂上解释得条条是道，把安全用电的一些细节演绎得非常完美。

四、在生活中实验，让学生亲身体验、感悟物理知识

实验是物理科学赖以形成和发展的基础，是学习物理的媒介，也是中学物理教学的重要手段。目前的物理教师怕在做实验过程中出现安全问题，总是自己演示实验。对于演示实验，学生只看不做，没有动手的机会；而对于学生实验，因为农村学校的条件所限，学生也得不到大量动手的机会。这对于学生动手操作能力的培养是一个很大缺陷，也扼杀了学生的兴趣以及他们的创造力。但教学应当是开放的，物理教学应该与学生的生活充分融合起来，给学生提供充分的从事物理活动和交流的机会，让学生在自己的生活中去实验，去亲身体验、感悟物理知识，运用物理知识解决实际问题，进一步增强学习的动力。例如，在讲到"我们怎样区分声音"时，让学生在家里自己煮开水，感受一下从开始煮到开的声音变化。开水煮开后，倒入暖水瓶中，声音的变化。这样学生不仅获得对物理知识的理解和拓展，最重要的是他们在亲身实验中体验到了一种成功感，感受到物理就在我们身边，课堂上的知识能走进千家万户，达到学以致用的目的。

总而言之，让物理课堂教学走近生活，让物理课堂教学与现实生活从"分离"回归到"整合"，让学生在丰富多彩的生活中，与社会、自然相融，更好地把知识技能的教育与学生的日常生活联系起来，促进学生从书本知识向实践能力的转化，激发学生浓厚的学习兴趣。

参考文献

［1］金开华.关于初中物理教学生活化的探讨［J］.读与写（教育教学刊），2010（11）：136.

［2］毛卓飞.让生活走进物理让物理走进生活［J］.黑龙江教育：中学版，2006（6）：36.

［3］章建芝.生活化的初中物理教学［J］.课程教材教学研究：教育研究，2010（6）：4-6.

"实验探究教学模式"在物理教学中的应用

所谓"实验探究教学模式"，是学生在教师的指导下，通过自己的实验研究来经历实验探究的过程，认识物理现象，探索物理规律，从而获得物理知识，形成技能，发展学生智力和能力的一种教学模式。"实验探究教学模式"的具体操作是：激趣设疑，自学探究；引导点拨，实验探究；解疑导拨，合作探究；激励引申，开放探究。

一、"实验探究教学模式"在教学中的作用

（一）激发兴趣

实施"实验探究教学模式"乃是培养学生学习物理兴趣的有效途径。因为实验本身就能引发学生浓厚的认知兴趣和强烈的求知欲望。例如，我在讲到"1.4尝试科学探究"摆的奥秘时，教师要引导学生观察钟摆的快慢，并让学生想想这些钟摆的快慢究竟可不可以调节呢？通过生活中的例子，用单摆代替钟摆进行实验，可以让学生进行猜想，然后让学生通过单摆实验，进行探究，最终验证他们自己的猜想。这个过程，我发现学生的脸上写满了快乐与成就，也能很好地体会到实验对学习的有效性。俗话说："听过不如看过，看过不如做过。"因此，只有当学生通过亲自探究实验，并对实验现象产生的原因和规律进行分析与归纳时，学生才会记得更牢，体会得更深，从而大大地提高学生的学习兴趣。

（二）以生为本

"实验探究教学模式"与传统教学模式最大的不同，就在于学生不再是一味听教师讲、看教师做，而是在足够的时间和空间范围内，由自己来确定方案并进行实验操作，对实验的事实加以分析并做出结论。例如，我在新授"2.2我们怎样区分声音"中探究弦乐器音调的高低与什么因素有关时，我把吉他摆上

了讲台，并和学生一起弹了一曲，然后让学生猜想：弦乐器音调的高低与什么因素有关？学生通过认真观察吉他的弦的特点及教师刚才的演奏，很快就提出了猜想，可能跟弦粗细、长短、张紧程度有关。那么实验时应怎么做呢？通过学生的小组讨论、研究，最终得出实验方法。学生在这样快乐、轻松的学习氛围中，能真正感受到自己是学习的主人，是课堂教学活动的主体，让学生深刻地体会到"我学我快乐"。

（三）激发潜能

现代教学教师不再是课堂教学的主宰，课堂教学也不再在教师的垄断和控制下进行，而是在学生探究学习中展开，学生不仅学到物理知识，而且领悟到学习方法。而"实验探究教学模式"就是为学生提供主动探求知识的宽松环境，让他们在成功的设计和实验操作的愉悦情绪下，潜力得到充分发挥，思维更加活跃。在对未知领域的探索过程中，通过自己的参与观察、制作和实践，不断地解决问题，克服学习上的种种困难。养成实事求是、尊重自然规律的科学态度，说实话，说真话。同时，敢于怀疑别人，也敢于放弃和修正自己的错误观点，从而提高学生的探索欲望，培养了学生的创造思维能力。例如，我在讲到压力的作用效果与什么因素有关时，让学生设计一些实验进行验证（课本上的内容除外），学生通过小组讨论说："1. 一个人在沙滩上走，与背着一个人在沙滩上走，发现在沙滩上留下脚印的深浅不同。2. 两个手指压着同一支笔的两端，发现两个手指凹陷的程度不同。3. 背书包时单边背比较痛，两边背比较不痛……"这让我充分地体会到，学生的智慧真的是无穷的，我们在教学中要好好地引导。

二、"实验探究教学模式"的实施步骤

（一）激趣设疑，自学探究

激趣设疑是指教师的课堂导入要创设课堂情境，形成悬念，要引人入胜，能抓住学生的心，调动学生的情绪。良好的学习情绪和精神状态，是学生自主学习成败的关键。自学探究则是指教师指导下的学生活动，是影响全局、辐射全课的重要环节。在信息社会开放式教育的条件下，教师和学生之间的关系已不再是教师"单向输出"与学生"被动接受"的关系，教师的角色必然转化为既是知识的输出者又是学生自主学习的引导者，更是学生学习过程中的参与者、合作者。教师应该在学生自学探究的过程中为他们指明方向、传授方法，

关键时刻给予指导和支持。例如，在讲解电路中的短路状态时，我先提出如下问题：什么叫短路？短路有多少种？短路有什么特点？短路时用电器为什么不能工作？然后引导学生在5分钟时间内自学教材中的相关内容，即教师为学生指出看书的方法和重点内容后，让学生自学。通过学生自学不但可以熟悉教材，而且可以在自学中感知和感悟，将学、思、疑、问结合起来。自学完成后，学生回答以上提出的问题，而对于那些学生解答不了的问题，教师要引导学生像科学家那样进行实验探究，最终得出结论。

（二）引导点拨，实验探究

教师应改变传统的实验教学模式，一定要以学生发展为本。初中阶段的各类物理实验，对学生都极具有诱惑力，充分利用实验，对培养学生的创新意识是极有价值的。在实验教学过程中，既要重视技能的训练，还要重视创新能力的培养。例如，我在讲完短路知识后，设计了以"短路的几种情况及危害"为题的探究实验。在实验过程中，学生发现局部短路只是用电器不能工作（没有电流通过），而全部短路时实验室总开关会立即跳闸。通过探究实验使学生对短路的危害有了一定认识，也加深了对短路知识的掌握，同时，实验本身又给学生增加了继续探究的乐趣和动力。

（三）解疑导拨，合作探究

学生通过实验解决问题，同时又在实验中发现问题。以前问题的解答全由教师包办代替，得出的结论学生被动地接受后，死记硬背，造成学生只知其然，而不知其所以然，只能继承前人积累下来的知识经验、原则和方法，复制书本上的条条框框，而无法培养学生解决实际问题的能力，特别是创造性地解决实际问题的能力。因此，在现代教学中，教师完全有可能创造机会引导学生在边学边探中解决问题，让学生亲自动手、动脑，互相合作，利用各种方式方法合作探究。例如，在"短路的几种情况及危害"的探究实验中，我进一步提出："为什么短电源时总开关会立即跳闸？短用电器时为什么只是本用电器不能工作而其他用电器照常工作？"然后通过对话、争论、答辩等形式，发挥学生的学探优势，利用他们集思广益、思维互补、思路开阔、分析透彻、各抒己见的特点，使问题的结论更清楚、准确。

（四）激励引申，开放探究

问题解决以后，教师应有意识地指导学生进行概括和总结，同时对学生的积极主动学习和探究给予充分的肯定与表扬。教师还应该以问题解决活动为基础，把知识进行拓展，从而提高学生的能力。例如，学生通过短路知识的探究实验后，我及时对知识进行拓展和总结，向学生提出问题：如何防止全部短路及有效利用局部短路？鼓励学生结合生活实际大胆思考，敢于探索。在课堂上不能解决的，可以留在课下思考、探究，进一步培养学生的探究能力和勇于创新的精神。学生通过观察和实验，发现利用短路可以制成防盗门、电饭锅等。

三、对实施"实验探究教学模式"的几点建议

（一）要深入细致地备好每一节课

在备课中，教师要认真研究教材，力求准确把握重难点。注重参阅各种杂志，利用实验、电教多媒体手段创设符合中学学生认知规律的教学方法及教学形式。设疑时，教师要根据知识的重点和内在联系，精心设计有联系的问题组；实验时，教师应根据学生的动手能力和当前的仪器制定方案；讨论时，教师要根据学生的思维特点、知识基础，安排好层次与坡度，整体设计做到不仅有趣，还要恰当。

（二）要注意教学主体的认知规律

在实施"实验探究教学模式"时，问题的设计要具体灵活；实验探究要合理科学；问题讨论要有中心、有层次；让学生对自己提出来的问题都能回答出它们"是什么""怎么样""为什么"，且对一些相近似易混淆的知识，要能说出它们的联系和本质区别；最后教师要及时进行点拨且能切中要害。

总之，"实验探究"教学法，要从教材、学生和教师本人的实际出发，不能千篇一律，要根据教学的目的，合理安排。"实验探究教学模式"的运用，使学生在不断的实验观察、分析探究中，自主发现、剖析、解决问题，并积极思考，与教师一起选择，设计和完成多种活动，做到主动，全员和全程参与，使师生双方处于平等、民主、自由、公正、宽容的"伙伴"关系，使教师成为学生的引导者，双方互相接纳、互相敞开、互相理解，从而达到共享知识、共享智慧的目的，真正摆正了教学过程中教师的主导地位和学生的主体作用，真正使学生成为课堂教学活动的主体。这样的一种教学不仅可以改变教学机械沉闷的现状，能激活学生的思维，还给学生提供了一个敢想、敢做、敢问的空间，让课堂充满生机，使课堂教学达到理想的效果。

参考文献

［1］甘肖玲. 化学实验是探究性学习的重要途径［C］. 中国化学会：第四
　　　届全国中学化学教学研讨会论文集，2004：377-379.

［2］宋文. 如何引导学生进行有意义的探究性学习［J］. 成才之路，2011
　　　（19）：84.

［3］王江. 化学探究性学习模式的研究［D］. 呼和浩特：内蒙古师范大
　　　学，2004.

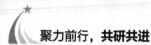

在"错误"中绽放美丽

有一种爱叫"放手"，如果父母不懂得放手，那他们的小孩就会永远都生活在温室里，永远不懂得自立与坚强。有一种美叫"错误"，因为有些事情错过了才会让人更加刻骨铭心。如果没有亚里士多德的"力是维持物体运动的原因"的错误，就不会引起伽利略的怀疑，也不会有伽利略的实验探索，更不会有牛顿第一定律提前问世的美丽结果。所以错误有时也是一种美丽，只要我们适时点拨和应用，进行反馈和纠正，"错误之花"就会在教育教学中绽放出美丽的光彩。我在十多年的教学实践工作中善于利用错误适时引导学生，取得了很好的教学效果，现撰文如下，以飨同行。

一、在"错误"中悟出道理

为引起学生的注意力，启迪学生思维，悟出科学道理，激发学生求知欲，我常在教学中"大智若愚"，将"错误"引入我的教学，在课堂中"出错"，留余地让学生"纠错"，使他们产生满足感与胜利感，挖掘他们内在的潜能。例如，我在新授"12.1认识内能"中的压缩气体做功使气体温度升高的实验时，我故意犯了一个小错误，拿了一个很久没用的空气压缩仪，由于时间久没有使用，内壁与活塞接触部分不够光滑，我在讲台上演示实验时，慢慢地把活塞压下去，学生看到厚玻璃筒里的棉花球并没有像书本中所说的那样燃烧起来，他们就一片唏嘘，七嘴八舌地议论开了："老师你的动作不够快……老师你的压缩仪是不是坏了……"我故意不继续往下做，让各小组根据课前准备的实验器材做一做。通过小组合作和努力，结果第一、第四、第五、第七、第八小组都相应成功了，而第二、第三、第六小组却失败了，我利用这个时机让各小组进行交流心得，互相帮助，如何让失败的小组寻找错误的原因。还请实验成功且速度最快的第五小组用我的实验器材，"帮"老师完成实验。慢慢地，第二、第六小组的同学也一个一个地完成实验，可第三小组的同学在不断地尝试中一次又一次地失败了，我让大家来帮帮忙，究竟他们在操作上有哪些错误，以致实验无法成功，正当大家都非常困惑的时候，第五小组的一个同学突然问我一句："老师，有润滑油吗？""有，在那罐子里。"我说完用手指了指讲台，学生到讲台上取下黄油，拆下活塞，在活塞的周围涂上黄油，组装好后，他迅速压下活塞，棉花竟然奇迹般地燃烧起来，此时，同学们都不由自主地响起了雷鸣般的掌声，在这掌声里，充满了钦佩，充满了智慧，充满了幸福。后来我让这个在错误的实践中不断纠正和总结，并能成功地完成实验的同学上讲台讲述实验的成功过程时，每个同学都听得全神贯注，学生在享受着课堂教学，享受着自己的教学成果。后来我还发现一个惊奇的秘密，在以后的考试中，全班六十多位同学竟然没有一个同学在"压缩气体做功"这样的题型上再出现错误。

"错误"没有成为他们学习路上的绊脚石，而是成为他们走向成功的启明灯，照亮着六十多位学生前进的道路。这就是教学艺术之美！

二、在"错误"中学会成长

"人谁无过？过而能改，善莫大焉。"（《左传》）人的一辈子不可能没有犯过错误，只要明白自己犯了什么错，然后能够改正，那还有什么大不了的事呢？在一次的实验教学中，发生了一件让我永远也无法忘记的事。那天我在用"伏安法"测量小灯泡电阻的实验课时，同学们都在认真听我讲实验的注意事项，突然实验室的总开关跳闸了，全班同学都被吓了一跳，后来发现第四小组的一个男生乱动实验器材，把电流表两个接线柱接到实验室的电源两端了，我顿时明白总开关为什么会跳闸了。我当时有点生气，但想想自己也有错，我应该把实验的注意事项讲完后再闭合电源开关。我没有批评他，而是跟同学们说明这个故障产生的原因，让同学们"活学活用"。当故障排除后，实验课仍然正常进行着，这时第四小组的同学举手了："老师，我们的电流表坏了。"小组长轻声地说。我说："你知道电流表为什么会坏吗？"我故意用手指一下弄坏电流表的那一位捣蛋的同学，让他说说故障原因，适时点拨。他们没有电流表，旁边的小组又不肯借给他们，正当他们一筹莫展的时候，我到准备室拿了一个定值电阻给他们，并抛给他们一句话："实验室没有多余的电流表了，我给你们找了一个定值电阻，同样可以完成实验，你们想想办法吧！"通过小

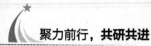
组各成员的讨论，他们设定一个实验方案，最终完成了实验，当他们战战兢兢地拿出实验数据问我对错时，我故意一脸正经地说："说说你们是怎么完成的，把你们的实验设计图给我看看。"小组长说，小组犯了错，他们都很努力地想办法，因为没有电流表，设计的实验电路图如下图，所以只能利用电压与定值电阻的关系（欧姆定律）进行计算，以代替直接测量的电流数据。此时的我，心中百感交集。我竖起大拇指，说："行！下节课你们小组把你们的做法跟全部同学分享一下。"我真没想到，学生一个不小心的错误，却让他们有了更大的收获，在这节课中，他们把欧姆定律诠释得如此美丽，演绎了精彩的课堂！

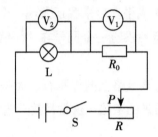

所以，错误也是一种财富，因为它拓展了学生的思维，丰富了学生的知识，给了学生无尽的思索，挖掘了学生的潜能，使他们在人生道路上走得更稳，飞得更高。

三、在"错误"中充实自我

在教育教学中，我们会发现，有些知识教师讲了无数遍，学生还是会出现错误，这是为什么呢？那是因为教学中没有引起他们的注意力，没有触及他们的心灵深处，还会一错再错。我采用错题再现的方式，让学生看到自己简单的错例，在笑中悟出道理，从而充实和丰富自己。

学生在做题中没有认真审题，不知道本题所要考查的本质内容是什么。因此往往会被题目的表象给迷惑，最终没有做出让人满意的答案。

当我把这些题全部展示给同学们看时，我发现他们大多数的表情都是在笑，他们总觉得为什么那么简单的问题别人会做错，再看看自己，发现原来自己也犯过同样的错误，我让同学们给我一一纠正，并谈谈自己的感受，为何在考试时会做错，是不懂还是什么原因？我语重心长地说，学习要学到知识的要领，而不是只看知识的表面，否则下次还会犯同样的错误。

　　我发现，每一次的错题回放，学生都特有兴趣，他们都争先恐后地指出别人的错误所在，大大提高了学生的思维能力与表达能力，在不断地纠正别人错误的同时，自己的知识和能力也在不断地得到充实与提高。所以错误有时也会成为我们吸取人生经验的一课，既充实了自己，也丰富了自己。

　　十多年来，我在教育教学工作中发现了一个规律：听过不如做过，做过不如错过，纠正自己的错误过程能让学生更加刻骨铭心，所以平时的一些错误有时也是一种美丽，但关键时刻（如中考、高考）的错误是一种悲哀。所以我们要正视每一次学习中出现的错误，错误可以让我们思考更多，我们就会离进步或成功更近。错误的出现，只要我们能正确对待，它就会转化成我们每个人成长中的一份养料，让我们在生活中不断认识自我，充实自我，茁壮成长，最终绽放出美丽的成果。

简约课堂

"简约"起源于现代派的极简主义。"简约"是指既简单而又有品位，体现在设计上的细节的把握，施工中精工细作，深思熟虑每一个细小的装饰。简约课堂，指的是有质量、有高度、有效益的精品课堂，而不是简单化的课堂；简约课堂要求教师做到教学形式和方法上追求简单，但内涵上则是深刻和丰富的。那么教学中应该怎样做到简约课堂，使之成为高质量、高效率的精品课堂呢？我认为应从以下几个方面着手。

一、简明目标

目标是每一个人前进的方向，人生如果没有一个明确的目标，就没有前进的方向，没有方向就没有动力，那他的人生会像没有帆的船在海洋中漂荡，无法到达理想的彼岸。教学目标是指教学活动达到预期的结果，是教学活动的培养目标，不需要过于复杂，只需要明确，重要的还是采取什么样的教学手段来达到目标。例如，我讲到"11.3如何提高机械效率"一课时，我将教学目标设计为：①理解什么是有用功、额外功和总功，②了解机械效率及在生活中的应用。这样的设计既目标简单又明了，不会复杂，让学生有的放矢，明确本节课要学的重点内容和要解决的问题。

二、简化教学

如果把每一门技术或学问都搞得很深奥，别人弄不懂，只有你自己才懂，那并不是因为你知识渊博、有才华，而是因为你没有认清实质、没有抓住关键和重点，反而陶醉在自我制造的纷繁复杂的事物中不能自拔。一个真正有才能的人，必定会把事情做到精益求精，把最简单而又最重点的内容进行传达与应用。一个武术高手在搏击时总是一招制敌，击中要害；高明的医生总是一针见血，药到病除，而不会开多个药方，以骗取你更多的治疗费。所以一个优秀的教育者，他一定会为了让学生喜欢，提高学生的学习质量与学习效率，在教学过程中不断地简化教学方式，在学生学习遇到困惑时，适时为学生引导点拨，能一语道破玄机，做到既简单又高效。

（一）概念通俗化

所谓通俗是指浅显易懂，适合或体现大多数人的水平。我们新课讲授的过程中，对一些新概念，若直接引入会比较抽象，学生也不易接受，但若巧妙地借助生活中的常识来对比，那么学生学起来就不会觉得抽象难懂了。例如，我新授"5.2探究物质的密度"一课时，通过探究我问学生什么是密度，学生就照着课本念，对密度这样概念的本质根本不懂。我说密度就是物质排列的紧密程度，下图是铁块和木块的密度。

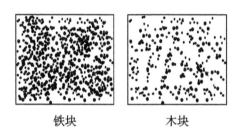

铁块   木块

物体所含物质的多少是不同的：一样的体积，密——物质多，疏——物质少。密度也叫"比重"是为什么？学生一下子就明白了，大家一起说"相同的体积比质量，质量大，密度大"。例如，我在新授"12.3研究物质的比热容"一课时，学生探究物质吸、放热本领强弱，让学生归纳，大部分学生都认为沙子的吸热本领强。为什么呢？因为沙子吸热升温快啊。针对学生认识上的误区，我打了一个比方，A和B两位男士喝酒比赛，比比谁的酒量大（喝酒本领强），A男士和B男士都喝了半杯酒，发现A男士不改色，B男士已经脸色潮红，一杯酒喝完后，A男士开始面色变红，而B男士已经醉了，头晕晕地趴在桌上。A男士又喝了两满杯才开始有了醉意。请问A和B两位男士谁的喝酒本领强呢？根据生活经验，学生很容易就判断A男士的喝酒本领强。回顾原来的实验，再问学生谁的吸热本领强时，如图了所示进行对比，他们都会异口同声地说："水的吸热本领。""为什么？""因为水吸收很多热量也不怎么升温。"我竖起大拇指，说："孺子可教也！"

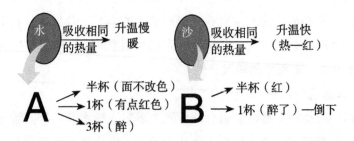

（二）例子生活化

初中物理的许多知识都是从生活中来，又将运用到生活中去。因此，教师在教学的过程中，尽可能地让知识变得更有温度，让学生觉得知识是如此的亲切、易懂，而不是冷冰冰的，让人望而畏之。例如，新授"11.3如何提高机械效率"一课时，我让学生理解有用功、额外功及总功的概念时出了一道题：板车上装有货物，一人拉着该板车将货物送到目的地，对货物所做的功叫____功，对板车所做的功叫____功，如果目的是送板车，则对板车所做的功叫____功，对货物所做的功叫____功。让学生根据自主学习后对概念的理解，进行检查，发现此题一出，学生基本上百分一百的答案是对的。从而加深了学生对概念的理解，增强了学生学习的自信。接着我又出了一题：下列有关机械效率的说法中，正确的是（   ）A. 功率大的机器，机械效率一定高。B. 功率大的机器，做的功一定多。C. 有用功越多，机械效率肯定越大。D. 额外功在总中占的比例越小，机械效率肯定越大。我发现只有三分之一的同学选D，其他选ABC的都有。这说明学生对机械效率这一概念还未理解透彻。我就让学生再说一说机械效率的概念 $\eta = W_{有用}/W_{总} \times 100\%$。我顺势点拨，将机械效率比喻成优秀率：$\eta = $ 优秀人数/总人数 $\times 100\%$，学生恍然大悟，不但知道了本题的答案，还知道机械效率不能等于或大于1的原因了。所以，只要用心挖掘，每一节课的内容总能找到学生最熟悉的生活经验，让知识走进生活，从生活中主动获取知识，将会起到事半功倍的作用。

（三）练习经典化

很多人都认为大量练习对于获取高分是必要的，但我觉得这并不是明智之举。因为大量的模题，会花掉学生大量的时间和精力，且看学生的呼唤："举头望明月，低头写作业；少壮不努力，老大写作业……"学生已把做题当作"噩梦"，那又何来收益呢？敢于舍弃才是一个优秀教师的水平。因此，教师在布置习题或讲解习题的过程中应该有所侧重，学生应把所做练习中的各类题型进行分析、比较、归类，发现其中的异同点，掌握解决问题的方法。只有掌握了方法，才能在解决问题时多角度地理解题意，拓宽解决问题的思路和方法，才能在考试中充分发挥自己的能力。争取让学生达到"讲一题，得一法，会一类，通一片"的效果。例如，在复习"电路故障"时，我用一串典例就将串联电路所有的故障分析透彻。电路故障一般分两种：短路与开路。

例1：如图所示，闭合开关，两灯都亮不起来，电流表的指针几乎不动，而电压表指针又明显偏转，该电路的故障可能是（　　　　）

A. 电流表坏了或未接

B. 从a经灯L_1到b的电路中有断路

C. 灯L_2灯丝烧断或灯座未接通

D. 电流表和灯L_1、灯L_2都坏了

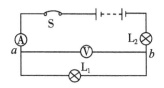

分析：开关闭合后，电灯不亮，电流表的指针几乎不动，说明电路出现开路现象；可是电压表指针又明显偏转，说明电源完好且灯L_1两端电压不为零；说明电流表和灯L_2、开关都完好，因此a经灯L_1到b的电路中出现断路现象。故选B。

意图：本题考查用电流表、电压表判断电路故障，意在考查考生对电路的分析以及通过电流表、电压表示数变化情况对电路故障进行正确分析。

方向：这类试题在考查题型上，通常基本以选择题的形式出现，此类题目较难理解，主要考查通过电流表、电压表示数有无的情况来判断电路中的故障。

归纳：①将电压表当作开路，电流表当作导线，然后进行拆表，认清电路的连接方式；②电流表若无示数说明电路出现断路现象，谁断？电压表若有示数说明与电压表并联的用电器电路断路；③电流表若有示数说明电路出现短路现象，谁短？此时若电压表无示数说明与电压表并联的用电器电路可能出现短路现象。

下面进行演变、延伸和拓展，帮考生梳理知识体系结构，准确把握中考题的脉搏，领悟此类题型的真谛。

拓展：如图所示的电路，若将上图的灯L_2换成滑动变阻器，当开关S闭合后，滑动变阻器滑片P向右滑动的过程中，电流表示数变小、电压表无示数，则该电路的故障可能是_____。根据上一题的分析与归纳③可知，学生可准确而快速地做出判断：该电路的故障可能是灯L_1短路。

所以练习的选择非常重要，学生只要掌握"典例"的解题方法，就能快速、扎实地掌握学科知识，这才是学生掌握知识的成功秘诀。

（四）内容系统化

所谓系统化是指将零散的东西进行有序的整理、编排形成其整体性。如果教师在教学过程中能够将各个知识点进行纵向和横向的知识联系，形成知识的主线，再将知识主线交织成面，形成系统，从而成为知识的"灵魂与线索"。最后配合精选的习题对知识增强提炼性，并且对知识进行综合梳理，通过口诀、推论、简便方法的渗透使学生对所学知识有一个新的整合过程，厘清知识脉络，知道侧重点，将会大大提高学生的学习效益。例如，在复习"机械功与机械能"时，我用图表画出整章的知识脉络，重点理解"三概三究"，如下图所示。

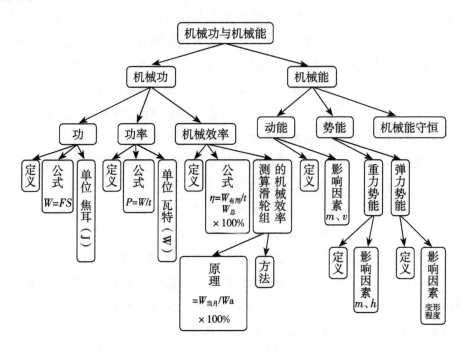

此图一出，我发现学生对本章的知识很快就了如指掌。

三、简锐反馈

教学反馈是我们检测学生本节课，或这段时间对知识掌握的程度。所以出题者要注意出题的策略，题目一定要简选精锐。对不同层次的学生，在内容、数量、难度上都应有所不同。例如，对高层次学生的要求是：高标准、抓练习、常反馈、重自学、重方法，让他们学得满足，做得自信；而对低层次学生的要求是：低起点、小坡度、慢步伐、重基础、段段清，让他们容易做到，而且乐意做到。

总之，简约课堂并不是把课堂简单化，也不是教师在教学上的浅薄无知，而是经历复杂之后的升华，是师生智慧的课堂，也是高效率的课堂。只有课堂简约了，才会把课堂还给学生，才能真正地落实新课改的精神。

参考文献

[1]李践.管理越简单越有效［M］.北京：机械工业出版社，2010.

[2]周爱民.大道至简［M］.北京：电子工业出版社，2007.

"蜂巢活动"在物理试卷讲评课中的应用

　　什么是"蜂巢活动"？"蜂巢活动"是一个集体蜜蜂分工合作的团体高效运作的活动。引申为教学活动就是通过教师收集到学生在学习和生活中遇到的疑惑、问题等，进行集体备课和任务分工，让全班学生通过"分工""分流""分享"三个方面进行"沟通"与"合作"的探究学习活动，共同解决问题的一种活动。一个蜂巢的蜜蜂是一个团结的群体，分工明确，每一只蜜蜂都有自己的任务，蜂王负责生育产卵，雄蜂负责繁衍后代，工蜂负责采粉、酿蜜、喂食、筑巢等，每一只蜜蜂都有它的独特作用。因此，整个蜂巢才会越来越强大，继而不断分巢，以遍布全世界。"蜂巢活动"在成功的企业中被广泛应用，他们都有共同的"四部曲"，即宣传、销售、整合和分解，老板根据每一位成员的能力进行分配工作，"人尽其才，物尽所用"，给企业带来更大的财富，更大的效益，让这个行业永远处于不败之地。正所谓"成功来源于主人的分配，高效取决于大家的共同奉献"。

　　"蜂巢活动"在物理教学中能广泛应用吗？霍姆林斯基曾说过："在心灵深处，总有一种把自己当作发现者、研究者、探索者的固有需要。"而这种需要在中小学生的精神世界尤为重要。我认为，物理新课程改革是教育理念的更新、教育视角的转换，就是要引导教师改变过去师生授受的倾向，转而强调过程与方法，重视情感态度与价值观的教育，使学生获得物理知识和技能的过程成为理解物理、探究科学、联系实际的科学价值观过程。因此，教师不再是课堂教学的主宰，而是构建一个充满生命力的课堂教学运行体系，让学生主动参与，学生在"沟通"与"合作"的探究学习活动中，学到物理知识，领悟到学习方法。如果没有科学的教学方法，就难以获取预期的教学效果。"蜂巢活动"是通过教师收集到学生在学习和生活中遇到的疑惑、问题等，进行集体备课和任务分工，面向全体。我以试卷讲评课为例，让学生在课堂上"分工""分流""分享"，让他们人人有事做，事事有人做。

一、"责任"分工

俗话说，"十个手指有长短，荷花出水有高低"，学生之间的差异是客观存在的。为了让每一个学生在自己原有的基础上得到发展，让每一个学生都能得到锻炼，获得成功的喜悦，我在班上成立了学习合作小组。在试卷讲评课中，给每一个学生分配不同的任务。例如，学生通过本单元检测或模拟考试后，首先，教师将本张试卷的每一道题分析一遍，标出各题的难易度，以及易错点；其次，记录本次考试中每道题的得分率；最后，注意学生在做题过程中普遍存在的共性问题等，以便讲评时有的放矢。同时，我也根据考试情况，给每一个小组长分配任务。如我们模拟考试题一般为23道小题，课前我将根据这次考试的23道小题的不同难易度平均分给八个小组长，例如，1~5小题一个小组长负责讲解，6~10小题一个小组长负责讲解……以此类推，要求小组长认真看清自己负责的题是否存在疑惑，如果有疑惑，大家一起讨论分析，解决问题。当每一个小组长都能完全解决自己负责的问题后，下一步就是小组长根据自己组员对物理知识的掌握程度进行分工：物理成绩较好的同学负责难度较大的题目，成绩中下的同学负责难度较低的题目，争取平均分配，让每一位同学都容易做到且乐意做到。这个时间段，小组长只有3分钟的时间分配，做到分工明确，效率至上。

二、分流"采蜜"

课堂应该是学生"沟通、合作、探究、展示"的平台。我让每一位分工好的小组成员都带着疑问进入课堂，他们将带着自己负责的那部分内容到各小组长负责解决对应的题目处进行"采蜜"。因为每一位组员都有自己的使命，所以他们都会积极地投入交流与讨论的学习中。通过学员和小组长之间的"沟通"与"合作"，逐渐破解每一个问题。而这个时间段将有10分钟的交流时间，学生可谓是分秒必争！这项环节的活动，不仅提高了别人，更提升了自己，成绩优良的同学在帮助他人的同时，又不断提高了自己的表达能力、解题能力以及思维能力。而中等或成绩较弱的同学因为要回到小组"复命"不得不认真聆听，继而提高每一位潜能生的自信感与满足感。因为他们深深地感到：他们也有被同学需要的时候，他们也有着重要的作用。在活动中，通过小组长的清晰指导和各位同学的交流与反馈，能更快更简单地找到解决问题的决策，从而大大地提高课堂的教学效益，较好地达到课堂教学的目标。

三、分享"蜂蜜"

当每一个小组成员都"采蜜"归来之时，便是大家分享"蜂蜜"的时刻了，而这段时间有20分钟的相互授受。此时每一个成员都会认认真真地将自己获得的"蜂蜜"，一五一十地向每一个成员进行讲解与分享。偶尔同学们的一些质疑，他们还需小组共同解决。解决不了或尚有疑惑的问题，小组长会进行逐一记录，以便课堂上跟教师进行反馈。在分享成果的这一过程中，我注意到每一小组的成员都使出了十八般武艺，尽量用简捷有效的方法分析和解决问题。本环节就是再次巩固、提升、深化知识的过程。"你有一个苹果，我也有一个苹果，而我们彼此交换这些苹果，那么你和我仍然是各有一个苹果。但是，倘若你有一种思想，我也有一种思想，而我们彼此交换这些思想，那么，我们每人将有两种思想。"（萧伯纳语）通过分享，让思维不断地交流与碰撞，擦出智慧的火花。并在此积极、和谐、向上的环境中，让每一位成员得到认可，体现每一位学生的重要价值。

在学生分享完后，教师利用5分钟的时间对本次测试中学生还不理解的、疑惑的、易错的题目再进行引导与点拨。利用最后的5分钟，教师将对本次测试中学生错误率较高的题目以及本章的重难点题目再次测试，以便加深学生的印象，争取不犯二次错误！

在试卷讲评课或复习课中，部分教师喜欢"满堂灌"，优秀学生已经懂了的没耐心听教师的"唠唠叨叨"，"潜能生"因接受能力差，脑袋转弯慢，跟不上，听不懂，不如睡觉或聊天，教师埋怨很难上试题讲评课或复习课。通过对"蜂巢活动"教学模式的了解，你还会为试卷讲评课烦恼吗？其实，试卷讲评课是中考复习的有机组成部分和重要环节，它是提炼方法、提升思维、渗透情感、培养能力的重要部分。针对不同学生和难易度不同的试题，从学生的实际出发，构建"蜂巢活动"教学模式，其宗旨是要求学生在已有的认知结构上，通过"沟通、合作、探究、分享"，追求和完善认知结构。把试卷评讲寓于针性实践性强的学习活动中，充分调动学生的主体参与意识。在"蜂巢活动"的教学模式引导下，学会放手，学会分配，为学生创造出一个奇迹课堂，从而真真正正地解放学生、解放教师、解放课堂。建立一个学生开心，教师宽心且让学生可持续发展的、充满生命力的现代课堂！

综上所述，我设计了以下的课堂教学活动流程：

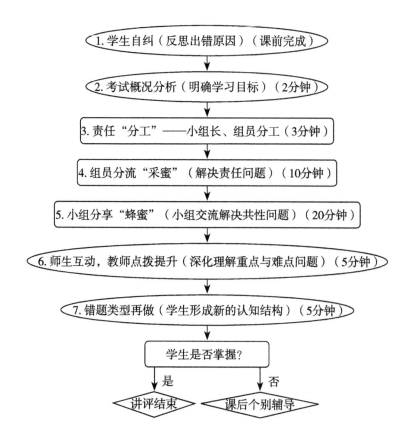

参考文献

[1] 谭红燕. 物理试卷讲评课浅谈 [J]. 中学生数理化（教与学），2010
（5）：41.

[2] 吴春明. 试卷讲评课新模式的构建与思考 [J]. 新课程研究（下旬
刊），2013（10）：143-144.

[3] 周晓军. 如何上好试卷讲评课 [J]. 江西教育，2010（Z6）：50.

解密动态电路

动态电路的分析，在初中物理的学习，乃至中考题中都会经常遇到。但是，对于大部分学生来说，这是一个知识难点，也是近几年中考考查电学的重点和难点之一，所占分值较高。本人统计了近五年的中考试题，发现这一考点的分数最高可以达到20分，最少都要占5~8分。在竞争日益激烈的当下，相差1分都会相差十万八千里，更何况是5~8分呢？如何稳稳地拿到这5~8分是相当关键的。纵观这个考点的题型有如下几类：①含滑动变阻器的串联电路分析，②含滑动变阻器的并联电路分析，③含开关通断的动态电路分析。这就要求学生不仅要熟悉串并联电路的特点，还要熟悉电流、电压、电阻之间的内在关系与应用。这也要求学生会灵活地运用欧姆定律，同学们在解题时必须落实以下五大要素：①判断电路特点，是串联还是并联；②电阻的变化；③电流的变化；④电压的变化；⑤其他物理量的变化。这个考点最常出现在选择、填空、实验、计算、综合等大题上，而且现在的出题方式越来越灵活，往往让学生措手不及。但是，只要我们认真地去观察，就会发现其中的诀窍。面对不断更新的题目，关键看你是否善于用最简单的方法去处理、去破解，能否走出自己的思维定式，找到解题的思路。因为不管怎么厉害的"锁"总会有打开它的"钥匙"。但要如何才能拿到那一把"钥匙"呢？总结近五年的真卷，本人发现了打开动态电路的3把"钥匙"。

钥匙一：含滑动变阻器的串联电路

例1：如图所示，电源电压为3V且恒定不变。

闭合S，当滑片向右移动时：

（1）电压表V的示数将_____，V_1的示数将_____，V_2的示数将_____。

（2）电流表A的示数将_____。

（3）电压表V_1与电流表A的比值将_____，电压表V_2与电流表A的比值将_____，电压表V与电流表A的比值将_____。

（4）由电压表V_1、V_2、V可得出的结论是：_____。

（5）电压表V_2与电流表A的比值可得出的结论是：_____。

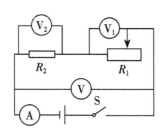

解题思路：解题时，先去表再分析电路，去表时将电流表当导线，将电压表暂时当成断开的电路去掉不看。那么我们就很容易看出电路图中，电阻R_2与滑动变阻器R_1是串联的。电流表测量的是串联电路的电流，而电压表V测量的是电源电压，电压表V_1测量的是R_1两端的电压，电压表V_2测量的是R_2两端的电压。因为我们知道，初中物理考题中，电源电压一般是不变的，那就意味着电压表V的示数不变。但是V_1、V_2、A的示数会怎么变化呢？那得从滑动变阻器的滑片移动情况来分析。因为当滑动变阻器的滑片P由中点向右移动时，R_1连入电路中的电阻是增大的。这样是不是就可以得出通过的电流减小呢？这么得出结论显然过于草率，因为我们不知道滑动变阻器R_2两端的电压怎么变化。因此，我们要利用电源电压不变的原则来做进一步思考。根据欧姆定律，电流$I=U/R$，其中，U是电源电压，R是R_1与R_2串联后的总电阻。所以，$I=U/R=U/(R_1+R_2)$，分母中R_2变大，那(R_1+R_2)变大，也就是说分母变大，但是分子U保持不变，于是分式变小，即电流I变小。这样来理解就更具有说服力了。

归纳总结含滑动变阻器的串联电路的解题技能方法：

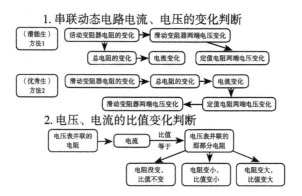

1. 串联动态电路电流、电压的变化判断

2. 电压、电流的比值变化判断

通过上述方法，我们就能很快地分析出，在串联电路中，滑动变阻器的滑片移动时，会引起电路中各物理量的变化情况。那么，如果遇到是含滑动变阻器的并联电路呢，又该遵循什么步骤呢？

钥匙二：含滑动变阻器的并联电路

例2：如图所示，闭合开关S，滑动变阻器的滑片向右移动时（假设灯丝的电阻不受温度的影响）：

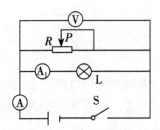

（1）电压表V的示数将_____，电流表A_1的示数将_____，A的示数将_____，（选填"变小""变大""不变"），灯L的亮度将_____。

（2）一段时间后，灯L烧坏，电流表A_1的示数将_____，A的示数将_____，电压表V的示数将_____。

解题思路：同样地，拿到一道题目，我们要首先看题目的已知信息。先去表看电路图，然后分析电路。这样我们就很容易从电路图中可以看出灯L与滑动变阻器R是并联的，而电压表测量的是R两端的电压也就是测量电源电压，电流表A_1测量通过灯泡L的电流，电流表A测量干路上的电流。根据并联电路电压的特点，各支路两端的电压相等，且等于电源电压，我们不难发现，电压表V的示数不变。那么，电流表A_1和A的示数会发生什么变化呢？在滑动变阻器的滑片P向右移动的过程中，根据欧姆定律，通过R的电流为：$I_R=U/R$，因为分母R随着滑片P向右移动的过程中，连入的电阻是变大的，而电压U不变，则电流I_R变小。但是，通过灯L的电流$I_L=U/R_L$，分子和分母都不变，所以I_L不变，灯L的亮度将不变。此时，干路上的电流$I=I_L+I_R$，得知电流I变小。也就是说，电流表A_1的示数不变，A的示数变小。

一段时间后，灯L烧坏，根据并联电路各并联支路互不影响可知：电压表V的示数将会不变，电流表A_1的示数将不变，但是因为灯L烧坏，所以$I_L=0$。此时，干路上的电流$I=I_L+I_R$，得知电流I变小，则电流表A的示数将变小；再次归纳总结，含滑动变阻器的并联电路解题技能方法：

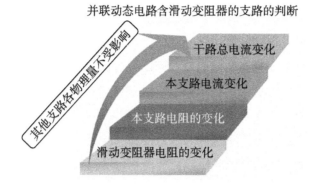

并联动态电路含滑动变阻器的支路的判断

其他支路各物理量不受影响

干路总电流变化

本支路电流变化

本支路电阻的变化

滑动变阻器电阻的变化

通过上述方法，很好地总结了含滑动变阻器的并联电路，在滑动变阻器的滑片滑动时，各物理量变化的分析方法，请大家厘清思路。到此，我们的动态电路题型分析完了吗？实际上，动态电路还有另一种，那就是开关通断引起的。

钥匙三：开关通断的动态电路

例3：在如图所示的电路中，电源电压保持不变。当开关S从断开到闭合时，电路中（　　　）

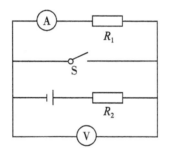

A. 电流表的示数变小，电压表的示数变小

B. 电流表的示数变小，电压表的示数变大

C. 电流表的示数不变，电压表的示数变小

D. 电流表的示数不变，电压表的示数变大

解析思路：本题中，题目问的是"开关S从断开到闭合"。那么，意味着电路分两种状态，前一种状态是开关S断开时，后一种状态是开关S闭合时，前后两种状态组合而成本例题的动态电路。

我们先来分析开关S断开时的情况。S断开时，我们可以看出，电阻R_1与R_2

是串联的，电流表A测量串联电路的电流，电压表V测量的是R_1两端的电压，此时，电路中的电流$I=U/（R_1+R_2）$，而R_1两端的电压$U_1=IR_1$。

当开关S闭合时，R_1被短路，电压表也被短路，此时电路中只有R_2有电流通过，而电流表测量的是通过R_1的电流，因此，我们就可以得出电压表的示数由U_1变到0，示数是变小的。而且，电阻R_1被短路之后，通过R_1的电流为0，电流表的示数是变小的。电路中的电流$I=U/R_2$。对比前后状态，分子都是U，但是分母由（R_1+R_2）变到R_2，也就是总电阻变小，那么电路中的电流是变大的。综合分析，就可以得出，本题应该选择A选项。

归纳这道题目，我们可以归纳开关通断的动态电路的解题技能方法：

这种题型相对要复杂一些，因为前后两种状态要如何做对比，就可以发现电阻的变化。但原则还是利用电源电压不变的道理。

综上所述，初中物理中遇到的动态电路题型也就以上三种情况。同学们知道了只有这三种情况之后，要有针对性地去厘清每一种题型的基本解题方法和步骤，从而慢慢领悟出解题的技巧。俗话说"天下无难事，只怕有心人"，解题也是这样，只要你用心找到开启的"钥匙"，定能轻易地"解锁"。

农村初中物理课堂教学时间分配
与教学有效性策略

一、农村初中物理课堂教学时间分配

（一）课前指导学生预习课本内容，掌握知识点

针对农村初中教学阶段分析，学生的学习方式与内容相比大城市的教学规划有较大区别，因此，教师在实行课堂教学前要让学生预习物理课本内容，通过查阅资料和探究找出重要知识点。把课堂上教师要讲的东西用彩笔标注出来，便于寻找。在课堂中要做实验的，就可以在户外进行实际演练，在不断的失败中寻找问题，并在课堂上找教室解决疑问。

（二）物理课堂教学过程中实行实验与理论知识相结合，激发学生的学习兴趣

针对农村教学设备与环境分析，教室只能够做简单的物理实验，但是教师可以通过实验与理论双结合进行教学，使学生更好、更快地接受物理知识。在课堂物理教学过程中，首先，利用10分钟时间让学生仔细观察课本上的知识点，找出相关公式以及重要的理论知识；其次，让学生利用10分钟时间派代表到黑板上写出所找的知识点以及物理运算公式，并讲解所找的知识内容是重要的，具有哪些意义；最后，教师利用剩余的课堂时间进行物理知识传授与讲解，把学生预习和找知识点的过程中遇到的疑问统统提出来并解释清楚，使学生心中的物理疑问得到释放。尽管课中教师利用的时间较少，但是利用20分钟时间学生自学和探究问题能够大大提升学生的自学能力与探究能力。不仅提升了学生的学习能力，还有效提升了课堂教学质量。

（三）课后教师进行辅导，学生进行复习

针对农村教学问题分析，农村有些学生缺乏应有的学习计划，尽管学生有

足够的学习毅力，但缺乏学习方法导致学生成绩一直不是很乐观，因此，教师要合理地安排教学时间，在课后也要对学生进行辅导，采用与课堂上教学方式不一样的辅导方式，为学生创造良好的学习环境。辅导中利用良好的课外教学环境，针对课中所学内容通过生活上的知识进行延伸，使学生更充分地理解知识点。例如，家里面厨房用的电灯，利用电流的热效应工作，将电能转换为光能；锅铲、汤勺、漏勺等炊具用的柄是用木料做成的，为什么呢？是因为木料是热的不良导体，以便于在烹饪时不会伤到手。

二、现阶段提升初中物理教学有效性的策略

（一）以学生本位为基础，融入先进教学理念

众所周知，物理是以实验为基础的学科。在教学中，教师需要综合先进的教学理念，关注学生本位思想，科学引导学生学习。如在讲解"惯性"相关内容时，教师可以通过引导学生亲自参与实验，以加深学生对知识的理解。在教学中，我采用"钢尺打棋子"以及"小球惯性"两个演示实验，演示之后让学生亲自参与其中。然后将两个实验改良：将教材中的小纸片以及小球替换成为圆形的塑料块，再以由大到小的模式叠放在彩纸边缘。薄金属片长度控制在只能击打到最下面的塑料块的范围。演示之后可以让学生观看并参与塑料块被击飞的实验。通过实践，加深学生对知识的理解，激发学生的学习兴趣，为后续的教学奠定基础，以提升教学的有效性。

（二）采用分层教学法，促进学生个性发展

在实践中结合学生的实际情况，采用分层教学法进行教学，可促进学生个性发展。分层教学法的运用需要教师事先将班级中的学生分成不同小组，显性、隐性均可。教师需要确定教学目标，将不同的教学内容分成不同的部分进行协调与引导，帮助学生发现问题，做好教学的引导工作。授课阶段避免出现"一刀切"的处理方式，分层次确定教学的内容，使不同层次学生都能受益。在"声现象"教学过程中，为顾及班级所有的学生，可以以生活化的情境引入，如利用笛子声、音乐声、流水声等创设情境。以熟悉的声音导入，使处于成绩底层的学生也会受到吸引，并产生好奇心。教师结合问题的引导，借助层层递进的问题分析，鼓励后进生，引导优秀生，探索声音的特性以及声现象产生的原因，将课后习题分成必做题和选做题，减少后进生的负担，确保优秀生能够充分理解，凸显学生个性，继而达到提升教学有效性的效果。

（三）充分利用农村资源，使教学与实践相结合

1. 利用农具展开物理教学

农具是农村教学中的辅助工具。通过使用农具可以生动、准确、形象地为学生展现一些物理规律，揭示物理过程。找出与农村生活或者实践相契合的地方，并将其巧妙地融入教学，这样既可以让学生明白"物理就在我们身边"，又可以推动教学提升有效性。

2. 利用农村生活事件教学

传统的农作方式中均蕴含着许多物理原理。在教学中，教师可以借助生活中的事件，综合农作方式引导学生，借助生活中常见现象引导，提升教学实效性。比如，在学习"摩擦力"部分知识的时候，教师可以通过展示农耕场景，提问："为什么犁要被打磨光滑？"关注拖拉机拉粮食的情境，引导学生思考"为什么外胎会凹凸不平？"在与生活息息相关的内容引导之下，加深学生对摩擦力的理解，教学的有效性也随之得到提升。

三、结语

综上所述，在农村初中物理教学中，想要提升教学的有效性，就必须重视无效与低效教学问题，优化教学方法。因此，在教学展开的阶段，教师要结合农村的实际分析，了解初中物理教学中存在的问题，不断反思和接受新的教学思想，充分利用现有资源，创新教学方法，以推进教学效率的提升。

参考文献

[1] 李开国. 新时期提高初中物理课堂教学有效性的策略探析 [J]. 俪人：教师，2016（14）：113.

[2] 梁金福. 农村初中物理课堂教学有效性的研究：以贵州省部分地区农村中学为例 [D]. 贵阳：贵州师范大学，2009.

[3] 张云忠. 依托物理实验激发学生学习兴趣 [J]. 教育界：教师培训，2015（2）：144.

核心素养下初中物理高效课堂教学评价

在初中阶段的教学工作中，物理一直以来都是极其重要的科目之一，而随着现如今新课标的落实，发展初中生的物理核心素养以及构建高效课堂也成为重中之重。因此，初中物理教师需要注重高效课堂教学评价活动，实现以评促学，强化对学生学习活动的评价成效。通过在初中物理课堂中融入教学评价，可以很好地达成核心素养的培育目的，并且还能够让课堂教学变得更高效，由此可见，对核心素养下初中物理高效课堂教学评价进行探究很有必要。

一、初中物理核心素养的概述

基于经验来看，如果想要更好地实现初中物理高效课堂的教学评价工作，并在此过程中进行核心素养的培育，那么教师首先就需要对核心素养做出切实了解。其实在物理科目的授课活动中，核心素养的主要部分包括物理观念、科学探究科学思维、学科责任、态度等，是初中生在经过一定时间的物理理论学习之后，不断形成科学关键能力、正确的物理学习价值观。所以在新时期的物理教学评价过程中，若要提高核心素养，就需要把核心素养的观念渗透在教学评价目标中，从而逐步改善传统物理教学的不足之处，只有这样，才能通过物理教学评价真正做到引领学生核心素养的提升。

二、核心素养下初中物理高效课堂教学评价的策略

（一）针对物理学习态度做出评价

在初中物理高效课堂教学评价过程中，教师首先需要针对学生的物理学习态度做出评价，这是因为学习态度是初中生在学习过程中表现出的一种心理价值取向，初中阶段若要培育学生的核心素养，就应当注重其学习的态度。例如，在教学评价期间，可以从如下三个方面着手，首先，评价学生是否对物理

学习有足够的好奇心，同时评价学生是否可以自主地形成科学的价值取向；其次，评价学生是否拥有学习物理的科学立场，是否能够自主高效理解课本中的重点、难点和关键内容；最后，评价学生是否能够对课本内容涉及的知识点在课后进行继续拓宽。从上述三项教学评价内容中，就可以了解学生的物理学习态度，并进行针对性教育，最终让每一位学生都成为可造之才，表现出正面积极的科学态度取向，让课堂教学真正变得高效，这样才可以更好地培育学生的核心素养。总之，初中物理教师务必积极对学生的学习态度做出评价，这也是构建高效课堂的重要保障。

（二）加强课堂学习的跟踪考量与评价

在核心素养背景下，初中物理教师不仅要注重学生学习态度的评价，还要加强课堂学习的跟踪考量与评价。实际上，在以往对初中生开展综合考量期间，通常都会采用期中、期末等高级考试来考核学生的学习成绩，这种评价手段相对单一。所以为了实现高效课堂的教学评价，建立日常考量制度是教师教学过程中必不可少的环节。例如，在新授课的初中物理（粤教版）"探究滑动摩擦力的大小"这一课时，为了让学生了解影响滑动摩擦力大小的因素，教师需要组织学生有效利用木块、弹簧秤、木板、毛巾等器材开展实验，从而达到减小误差，精确实验数据，得出普遍规律的目的。通过使用这种方式，将会帮助初中生建立完善的知识结构，也将有效提升他们的物理素养。在此过程中，教师就需要适时地对学生的课堂学习情况做出评价，可以从如下四个方面着手：一是课堂学习过程表现，二是实验探究过程表现，三是学习小组活动表现，四是课堂作业完成情况。并形成相应的记录，针对每一节课都进行跟踪考量，最终结合期中、期末考试成绩，对每一个学生都做出总体的评价，这样的教学评价方式不仅更丰富，而且更高效。

（三）基于物理实验教学进行评价

在初中物理教学活动中，实验是极其重要的一项内容，所以在核心素养背景下开展物理教学评价期间，就需要对学生的实验操作能力做出切实评价。实际上通过物理实验操作，能够让学生感知物理现象一步一步发生的过程，继而快速了解课本理论内容，并加深自身的理解和认识，同时也不再觉得物理科目无趣。另外，从实验操作中学生还能够切身地体悟到物理发生的条件和产生的作用，继而强化他们知识结构的内在联系，使其知识掌握得更加牢固，最终实现物理核心素养的培育。所以初中物理教师务必注重实验教学评价。例如，

在进行高效实验课堂的教学评价时，评价内容可设置为五个部分：一是对实验的感知力，二是对实验设备的熟悉度，三是实验操作力，四是实验数据记录能力，五是实验数据的分析与处理能力。在整个实验过程中，教师主要通过现场观察和检验实验报告单对学生进行上述五个方面的评价。这就要求教师细心观察每一个学生的操作过程，同时对于某些错误操作予以纠正和指导，让初中生能够充分体悟到实验的乐趣以及了解实验中产生的一些不可控因素，并且对这些内容能够有一个清晰的认知，继而提高学生的实验操作能力，促使学生的核心素养能够进一步增强。

三、结束语

总体而言，在新时代的初中物理教育活动中，做好高效课堂教学评价已经成为必然趋势，实际上，这些年来随着人们对教育注重程度的不断提升，也越来越关注学生在核心素养方面的培育和发展，教育的大方向也由应试教育改变为当下以核心素养为主的综合素质教育。物理作为初中时期的基础科目，具有难度高、重要性强的特性，所以通过教学评价提高初中生的物理核心素养，已成为当下从事物理教学人员研究的重要内容。因此，提出高效课堂教学评价的几点策略建议，希望可以为从事相关教学的人员提供一些帮助。

参考文献

[1] 王旭阳.基于核心素养下初中物理实验教学评价体系的改进［J］.教育与装备研究，2021，37（11）：34-38.

[2] 温超峰.初中物理课堂学习评价的实践探索：以"模型建构"核心素养培养为例［J］.福建基础教育研究，2022（7）：111-115.

[3] 赵安磊.基于核心素养培养的物理教学中创新能力培养［J］.数理天地（初中版），2022（6）：88-90.

基于发展学生物理核心素养的
中学物理课堂构建
——以课题"静摩擦力"为例

义务教育物理课程以习近平新时代中国特色社会主义思想为指导，以学生发展为本，以提升全体学生核心素养为宗旨，为每个学生的学习和发展提供机会。注重落实物理课程的育人价值，培养学生适应个人终身发展和社会发展需要的正确价值观、必备品格与关键能力。所以要全面发展学生的核心素养，其中，物理课堂的构建以及开展效果在物理课堂教学中起到十分重要的作用。因为教师的课堂构建很大程度地影响着学生学习的效益、能力的提升以及思维的培养。笔者认为中学物理课堂教学不仅要重视知识的获取过程，更应该重视知识的构建过程。因此，如何构建好物理课堂，落实核心素养也是我们要研究的重要课题之一。

下面笔者以"静摩擦力"一课教学为例，从情境创设、问题导向、实验探究、实例分析等方面谈一谈在物理课堂构建中如何融入核心素养。

一、情境创设，问题导向，能让学生得到心理暗示，得出物理观念

有心理学者认为，教学应该从直接的有感觉能力的直觉出发。此方法的特点就是，在尽可能的范围内，把一些感性认识的材料交给学生去观察、去认识。因此，为了提高学生的学习兴趣与学习效益，在课堂的初步构建中，教师很有必要向学生大量提供一些学生大脑中能产生印象的熟悉场景或身边的材料进行授课。例如，下面几个趣味实验演示与生活现象。

逐一对三个情境进行分析。①为什么气球可以提起杯子？因为气球足够膨

胀时与杯子接触，所以存在挤压，这时气球可以提起杯子；气球缩小后与杯子不接触，所以没有与杯子相互挤压，这时气球不可以提起杯子。进一步暗示出静摩擦力的产生条件之一是：两物体之间必须相互接触并存在挤压。②对气球提起杯子时的受力分析以及气球和杯子都放在桌面上的受力分析，进而暗示出静摩擦力的又一个产生条件：两物体存在相对运动趋势。再从生活中举例子：人站在电梯上随电梯一起上下行是否受力？从而加深对静摩擦产生条件的理解。③通过夹矿泉水瓶竞赛：谁能用两个手指夹起矿泉水瓶，谁能坚持的时间越长谁就获胜。实验发现，一位同学夹起矿泉水瓶只有2秒，而还有一位同学夹起矿泉水瓶却超过了10秒。进一步暗示出静摩擦力的另外两个产生条件：接触面的粗糙程度与压力的大小。通过以上三步分析，得出了静摩擦力产生的三个条件，由此自然可以完美构建出了静摩擦力的具体概念。

所以，教师在构建课堂时要注意情境创设与问题导向，尽量从学生身边熟悉的器材、熟悉的情景出发，通过发现问题，逐步深入思考，在师生之间、生生之间不断实验、交流、沟通中得出物理观念。

二、物理实验能让学生经历知识的建构，培养科学思维，促进科学探究

物理实验是物理研究的一种重要手段，是学习物理的媒介，也是中学物理教学内容的一个重要组成部分，还是激发学生学习兴趣，培养学生动手能力的前提。而传统的教学中总是通过演示实验或视频实验以代替教学，由于这两种情况，给学生的感觉总是昙花一现，因为学生没能亲身经历，所以无法感观。这样的课堂构建不利于学生做进一步的学习研究，学生对其结果的认识始终是教师强硬灌输的结论。

例如，"静摩擦力的大小"这节课教师却通过实验来经历知识的构建，在探究实验过程中，教师让学生的探究重心放在实验操作与观察和分析论证活动上。由于实验取材简便、设计巧妙、效果明显，而且学生有了亲身经历，可以通过自己动手实验来研究摩擦力的大小。学生的粗略实验将一盒砝码与木块相连，缓慢拉动弹簧测力计直到木块滑动，观察到物体所受摩擦力大小的变化。实验中发现，静摩擦力的增大存在一个限度，这个限度的大小与滑动摩擦力的大小有关，从而使学生的思维也得到了开发。教师再通过精密仪器进行测量，发现：静摩擦力的增大有一个限度，即F_{max}，这个最大值称为"最大静摩擦

力"，其数值范围$F_{max} \geq F \geq 0$，且最大静摩擦力大于滑动摩擦力。这样的一种教学效果非常理想，深受师生欢迎。这样处理，给学生提供充分的从事物理实验探究活动和交流的机会，让学生通过亲自探究实验，并对实验现象产生的原因和规律进行分析与质疑，最后对实验进行再次改进与精密测量得出更完美结论。这样的课堂知识构建方式培养了学生的科学思维，促进了学生的科学探究精神，让学生充分体会到了实验对学习的有效性、直观性与可塑性。

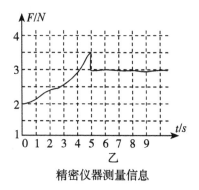

精密仪器测量信息

三、生活实例分析能让学生感悟物理道理，落实科学态度与责任

在物理课堂构建过程中，教师要注意关注学生的认知发展规律，在课堂教学过程中要多开展"体验式教学或温度式教学"，让学生在实验感悟后将知识应用到生活中，再通过生活实例质疑物理知识，最后通过实验成果，真正实现"从生活走向物理，从物理走向社会"。例如，①静摩擦力的大小与方向的问题比较抽象，而教师利用实验结论对前面实验产生的现象进行呼应，再通过最大静摩擦力的分析，加深对最大静摩擦力的理解。②静摩擦力的方向。教师利用在超市电梯上的人、人走路及修电路人员攀爬的蹬脚器的受力情况，分析物体受到的静摩擦力的方向。③在课堂上学生的积极体验、探究和讨论，解决学生学习上的问题。让学生亲身实验，参与游戏，体验增大静摩擦力的方法，使学生的学习情绪一直保持高昂状态，对知识的理解更加印象深刻。

都说"实践是检验真理的唯一标准"。学习理论是内向提升，引导我们去往知识的殿堂，而实践是外向学习，不断探索宇宙苍穹。所以，只要用心构建物理课堂，每一节的内容都能利用学生最熟悉的生活事例，带领他们找到神圣的知识殿堂，让学生在知识的殿堂中不断翱翔与实践，再进一步获取知识，体验物理知识价值，激发学生探索宇宙苍穹的兴趣，拉近学生的"知识世界"与

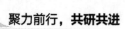
"生活世界"的距离。对落实科学态度与责任起到事半功倍的作用。

四、结束语

教育——绝非简单的给予，而是智慧的唤醒，教师除了具有扎实的学识、灵活的教学手段和必备的人格魅力外，还要做生命的牧者，而不是生命的纤夫。教师在课堂上应该充分调动学生学习的每个细胞，课堂中借助现有知识、器材等，尽可能地让学生经历从生活中的物理现象到实验探究、实验归纳的科学规律过程，培养学生的科学思维与动手能力，让学生能运用物理思维的方式方法去处理各种实际问题，发展学生的核心素养。从而构建一个"为探究未知知识提供最基本方法和必要技能的鲜活课堂"。

参考文献

［1］陈信余.经历心理暗示完成知识构建：以"失重"为例［N］.中学物理，2016-11-01.

［2］陈伟方.山西师范大学硕士论文提高高职院校高等数学教学有效性的实践研究［N］.江苏教育研究，2021-12-25.

［3］李密春.基于2022年版新课标探析物理实验教学的新要求［N］.中国现代教育装备，2022-09-25.

3

第三篇

实践设计，乐趣无穷

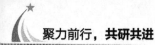

"9.1认识浮力"（第一课时）新授课

【教学目标】

（一）知识与技能

1. 知道什么是浮力，知道浮力的大小与哪些因素有关。

2. 学习用弹簧测力计测浮力的大小。

（二）过程与方法

1. 通过实验与探究，感受浮力、认识浮力。

2. 探究浮力的大小与哪些因素有关，学习使用控制变量法。

（三）情感、态度与价值观

参与科学探究的过程，在生活中大胆提出自己的猜想，能实事求是地记录数据，并根据实验数据提出自己的见解，有与他人合作交流的愿望，培养学生的动手能力、表达能力以及合作精神。

【教学重点】

浮力的测量。

【教学难点】

影响浮力大小的实验设计。

【教学过程】

（一）创设情境

（1）将乒乓球放入去掉容器底部未加盖的塑料瓶内，向瓶里倒水，乒乓球不浮起。

（2）将瓶下口堵住，乒乓球浮起。

提问：不同的物理现象蕴含着怎样的物理规律呢？

（二）自主学习——什么是浮力

（1）说出你的感受：将小瓶子轻轻地压入装有水的大瓶子中，你感受到：_____，想一想为什么会有这样的感觉？

（2）画出乒乓球漂浮在水面时的示意图。

（3）根据二力平衡的知识和重力的方向总是竖直向下的，你能确定浮力的方向总是_____。

（4）生活中漂浮的例子。

① 用了救生圈的儿童为什么在水中不下沉？

② 用钢铁制成的万吨巨轮为什么能浮在水面上？

③ 热气球为什么能腾空而起？这里面的物体除了受重力以外，还受什么力？方向如何？

（5）浮力概念：液体（或者气体）对浸在其中的物体有_____的托力称为_____，符号_____。

结论：①浮力的概念：浸入液体（或气体）中的物体，受到液体（或气体）_____（填方向）的托力。

② 浮力方向：_____。

③ 浮力的施力物体是：_____。

结合预习案，独立思考，形成自己对探究题目的见解，并明确自己的疑问。学生争先恐后，展示预习部分知识。

（三）合作探究与交流

活动一：浮力的测量

思考：沉入水底的金属块受浮力吗？

实验器材：烧杯、水、弹簧测力计、金属块、细线。

（1）利用弹簧测力计和金属块完成实验。

① 将金属块挂在弹簧测力计挂钩上，读出物重G为_____N；

② 用手向上托金属块，观察发现，弹簧测力计示数变小，则手对它向上托的力大小为N。

（2）实验：测量金属块在水中所受的浮力实验。

① 金属块在空气中，弹簧测力计的示数为$G=$_____N，在水中的示数为$F=$_____N；

② 金属块在水中和竖直方向上受到三个力：重力G、水的浮力$F_浮$和弹簧测力计的拉力F，此时金属块处于静止状态。所以有$F_浮$_____$G-F$。

（3）总结实验步骤。

① _____；

② _____；

③ _____。

此方法测浮力叫作称重法测浮力，归纳其表达式为：_____。

活动二：（完成实验）浮力的大小与哪些因素有关

（1）探究浮力大小与物体排开液体体积的关系。

实验猜想：浮力的大小可能跟_____有关。

按下图所示进行实验。

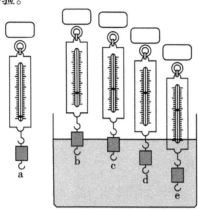

① 测得物体的重力$G=$_____N；

② 分别测出物体浸入水中约1/3、约2/3和浸没不同深度时弹簧测力计的示数；

③ 将数据记录在下表中相应位置，并计算出浮力大小。（小贴士：物体进入液体的体积相当于物体排开的液体的体积）

实验次数	浸入水中的情况	弹簧测力计示数F/N	浮力$F_浮$/N
1	物体浸入水中约1/3		
2	物体浸入水中约2/3		
3	物体完全浸没水中		

实验次数	浸入水中的情况	弹簧测力计示数F/N	浮力$F_浮$/N
1	物体浸入水中约1/3		
2	物体浸入水中约2/3		
3	物体完全浸没水中（较浅）		
4	物体完全浸没水中（较深）		

总结：根据$F_浮=G-F$，物体浸入液体体积不同时所受浮力_____，说明物体受到的浮力与物体浸入（排开）液体的体积_____，与浸没在同种液体中的_____无关。

（2）探究浮力大小与液体密度的关系。

控制物体浸在水中和盐水中的_____相同，观察弹簧测力计分别在水中和盐水中的示数，根据$F_浮=G-F$，比较物体在水和盐水中所受浮力的大小是否相同，来判断物体受到的浮力与液体的密度是否有关。如果物体所受浮力大小相同，则物体受到的浮力与液体密度_____；如果物体所受浮力大小不相同，则物体受到的浮力与液体密度_____。

结论：浮力的大小跟物体浸入液体中的体积和液体的密度_____。浸入液体中的体积越大，液体密度越大，物体受到的浮力_____；全部浸没在同种液体中的物体所受浮力跟物体浸入液体中的深度_____。

（四）实战应用

课堂实战1：教师点拨

1. 在水中搬石块觉得比在岸上搬轻些，这说明石块在水中受到_____的作用。

2. 一个石块重5N，把石块挂在弹簧测力计下端，将其浸没在某种液体中，此时弹簧测力计的示数为2N，则该石块受到液体的浮力为_____N。浮力的方向_____，施力物体是_____，此石块在液体中下沉时_____浮力的作用（选填"受到"或"不受到"）。

课堂实战2：教师点拨

1. 游泳者感觉到潜入水中时比浮在水面游泳时受到的浮力_____，原因是_____。

2. 在游泳的时候，当我们从浅水区走入深水区时，会发现自己"变轻"，这是因为（　　　）

    A. 人在水中受到的重力变小了　　　B. 人受到地板的支持力变大了

    C. 人受到水向上的浮力变大了　　　D. 人在水中密度变小了

3. 如图所示的大鱼和小鱼的争论中，_____的说法正确，这是因为两条鱼浸没在同种液体中，它们所受浮力的大小与_____有关。

4.（2014年山西）小明和小华分别利用重为1N的橡皮泥、弹簧测力计、细线、烧杯和水等器材探究浮力大小与物体形状的关系。他们将各自的橡皮泥依次捏成圆锥体和圆柱体进行实验，实验过程及相关数据如图所示。请你解答下列问题。

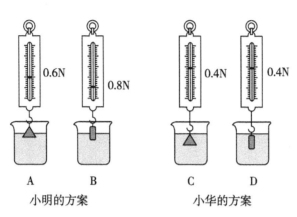

A   B   C   D

小明的方案   小华的方案

（1）图A中橡皮泥所受浮力的大小为_____N，图B中橡皮泥所受浮力的大小为_____N。

（2）他们经过交流发现实验结论不一致，你认为_____的实验方案得出的结论更可靠，另一个方案得出的结论不可靠的主要原因是_____。

（五）课堂小结（将概念及结论以填空的形式进行小结）

1. _____叫浮力。

2. 浮力的测量方法：_____。

3. 浮力大小的影响因素：① _____；

② _____。

（六）课堂检测（选择题每小题15分，填空题每空10分，共100分）

1. 已潜入海水中的潜艇，在继续往深海下潜的过程中，它受到的（   ）

     A. 重力增大，浮力增大   B. 重力和浮力都不变

     C. 重力增大，浮力不变   D. 重力不变，浮力增大

2. 将体积相同的铁块和木块放入一盆水中。结果发现，木块浮在水面上，铁块沉入水底，就此现象，下列分析正确的是（   ）

     A. 木块受到浮力，铁块不受浮力

     B. 铁块沉入水底，所受浮力一定小于自身的重力

     C. 木块受到的浮力一定大于铁块所受的浮力

D. 木块浮在水面上，所受浮力大于自身的重力

3. 小明利用实验探究浮力大小和哪些因素有关。他把金属块挂在弹簧测力计上，将它分别浸入水和酒精中的不同位置，如下图所示。

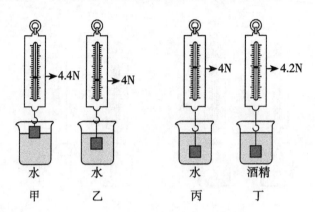

（1）上述四种情况，_____图中金属块受到的浮力最小。

（2）甲、乙、丙三次实验，是为了探究浮力大小与_____有关。结论是：_____。

（3）甲、丁两次实验，能否探究浮力大小与液体密度的关系？原因是_____。

（4）_____两次实验，是为了探究金属块浸没在液体中时，受到的浮力与深度的关系。

（5）图丙中浸在水中浮力为_____N，图丁中浸在酒精中浮力为_____N。

（七）说说今天我的收获报告

我的收获是：_____

_____

我的困惑是：_____

_____

动态电路的判断及简单计算（串联）复习课

【教学目标】

（一）知识与技能

1. 知道串联电路电流、电压的基本特点与规律。

2. 懂得电流表、电压表、开关、活动变阻器的正确使用及作用。

3. 正确理解欧姆定律，并能用欧姆定律进行简单的计算。

（二）过程与方法

通过观察和实验，培养学生观察能力和分析归纳能力。

（三）情感、态度与价值观

在读取数据、分析数据的过程中，养成认真观察的良好习惯，培养实事求是的科学态度。

【教学重点】

活动变阻器对电路的影响。

【教学难点】

欧姆定律的理解。

【教学过程】

（一）自主学习

学生看书回顾知识，分析问题。

串联电路：（分压电路）如图所示：R_1恒定不变。

（1）第一次，闭合S，当$R_2=1\Omega$时，U_1、U_2、U、I_1、I_2的示数如下表所示。

（2）第二次，闭合S，当$R_2=2\Omega$时，U_1、U_2、U、I_1、I_2的示数如下表所示。

（3）第三次，闭合S，当$R_2=4\,\Omega$时，请将U_1、U_2、U、I_1、I_2的示数填入表中。

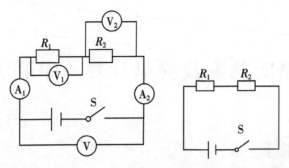

项目	第1次	第2次	第3次
电压表V_1的示数/V	2.00	1.50	1.00
电压表V_2的示数/V	1.00	1.50	2.00
电压表V的示数/V	3.00	3.00	3.00
电流表A_1的示数/A	1.00	0.75	0.50
电流表A_2的示数/A	1.00	0.75	0.50

分析与归纳。

（1）通过去表法可知，上图是一个____联电路。原因是电流的路径____条。（认清电路）

（2）对表格中三只电压表的数据进行分析，可归纳出的结论是：_____。

（3）对表格中两只电流表的数据进行分析，可归纳出的结论是：_____（串联电路，电流与电压的规律）。

（4）对表格中电压表 V₁和电流表 A₁的数据进行分析，可归纳出的结论是：当电阻R_1一定时，_____。

（5）从表格中的数据可知：电源电压为_____V，通过计算可知，R_1的阻值为_____Ω。

（6）对表格中三只电压表的数据进行分析，发现R_2的阻值成倍增加，R_2两端的电压也_____，说明串联电路是一个_____电路，电阻越大，分到的电压也越_____；还发现，R_2的阻值成倍增大时，两端的电压_____成倍增加（选填"是"或"不是"），原因是：_____（正确理解欧姆定律成立的条件，利用欧姆定律进行对应的计算）。

（7）推理1：当R_2的电阻变为零时（R_2短路），R_2两端的电压为_____V，我们可认为并在R_1两端的电压发生_____，即没有电阻，就没有_____，即$U_2=$_____V、$U_1=$_____V、$U=$_____V、$I_1=$_____A、$I_2=$_____A。

归纳：串联电路中，当电流表_____示数，说明用电器发生短路。谁短？若用电压表进行检查，电压表_____示数，表明电压表两接线柱内发生短路。

推理2：当R_2的电阻断路（R_2的阻值无穷大），R_2两端的电压为_____V。因电阻无穷大，电流_____，可看作_____，即$U_2=$_____V、$U_1=$_____V、$U=$_____V、$I_1=$_____A、$I_2=$_____A。

归纳：串联电路中，当电流表_____示数（没有电流），即电路中某一处发生断路（开路）时，若用电压表进行检查，电压表_____示数，表明电压表两接线柱内发生断路。（学会利用电流表与电压表判断电路故障）

（二）合作与交流

分组合作交流讨论解疑，解决训练。

题型一　如图所示，电源电压保持不变。闭合S_1，当滑片向右移动时：

（1）电压表V_1的示数将_____，V_2的示数将_____，V的示数将_____；

（2）电流表A的示数将_____；

（3）电压表V_1与电流表A的比值将_____，电压表V_2与电流表A的比值将_____，电压表V与电流表A的比值将_____。

（4）将R_1换成灯泡L，闭合S_1，当滑片向左移动时：通过L的电流将_____，L两端的电压将_____，L的亮度变_____。

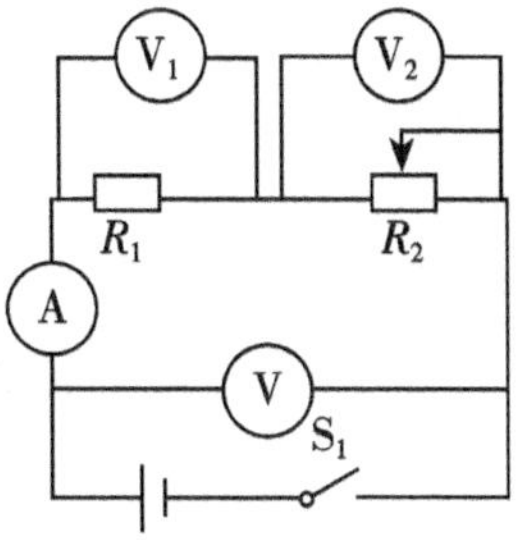

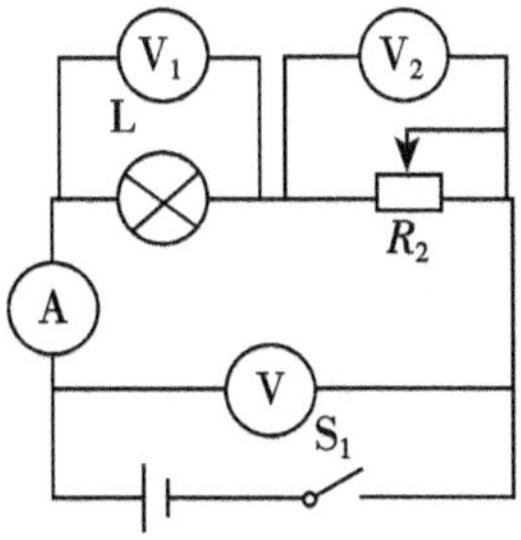

题型二　如图所示，电源电压保持不变，闭合开关S后，将滑动变阻器R_2的滑片P从中点向右滑动，即图甲中，电流表A的示数将_____，电压表V的示数将_____，电压表V与电流表A的示数之比_____；即图乙中，电流表A的示数将_____，电压表V的示数将_____，电压表V与电流表A的示数之

比_____；即图丙中，电流表A的示数将_____，灯泡变_____，电压表V的示数将_____，电压表V与电流表A的示数之比_____；即图丁中，电流表A的示数将_____，灯泡变_____，电压表V的示数将_____，电压表V与电流表A的示数之比_____。

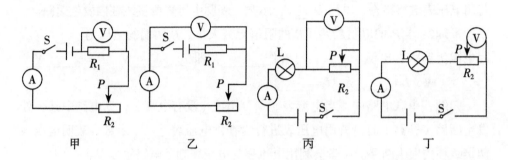

甲　　　　　　乙　　　　　　丙　　　　　　丁

题型三　某实验小组的同学用"伏安法"测量测2.5V小灯泡电阻（或电功率）的实验时，连接了下图的电路。

（1）根据图中正确的电路图，用笔画线代替导线正确连接好实物图。（注：旨在考查连图和画图的基本功）

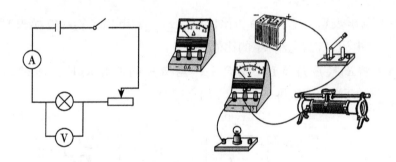

（2）实验的原理是_____，在连接电路时，开关应_____，滑片应移到最_____（选填"左"或"右"）端处。（注：旨在考查原理和常规实验的注意事项）

（3）闭合上开关之后，A、B、C三个小组发现电流表指针摆动分别出现了如图甲、乙、丙所示的三种情况。请分析他们在电流表的使用上分别存在什么问题，并写在下面的横线上。

A小组的问题：_____；B小组的问题：_____；C小组的问题：_____。
（注：旨在考查常规实验的电流表的正确使用）

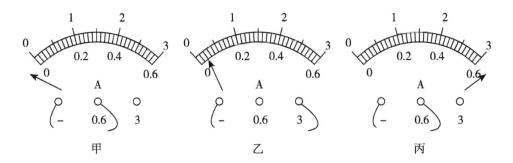

（4）闭合上开关之后，D小组发现电压表、电流表均有示数，但小灯泡不亮，经检查，电路连接无误，各元件完好，那么可能原因是：_____。接下来应进行的操作是_____。（注：旨在考查实验操作过程，如果没有操作过的学生会被难住）

（5）F小组检查电路连接无误后，闭合开关后，灯泡不亮，电压表有示数且接近电源电压，电流表指针几乎不动，产生这一现象的原因可能是_____。（注：旨在考查实验过程中常出现的电路故障）

（6）G小红同学在连线时，不小心将线接错了，使开关闭合后，移动变阻器滑片P，发现电流表示数变大时，电压表示数却变小，你分析一下产生这个现象的原因是_____。[注：非常规实验，考查分析过程错误的原因，考查分析问题的能力（电表的正确连接）]

（7）A小组纠正错误后，闭合开关后，调节滑动变阻器，当电压表的示数为1.5V时，电流表的示数如下图所示，为_____A，此时，小灯泡的电阻为_____Ω，实际功率为_____W，为了使电压表的示数为2.5V，应将滑动变阻器向_____移（选填"左"或"右"）。（注：旨在考查电表的读数、简单计算及串联分压）

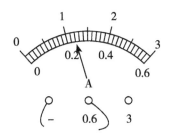

（8）小明通过测量，测到下列一些数值：1.5V，0.24A；8V，0.26A；2.5V，0.30A；2.8V，0.32A。试分析上述数据中有一组是错误的，是_____；从实验数据中发现后来测出该灯泡的电阻一次比一次大，那么原因可能是：_____。（注：旨在考查分析与评估、计算、设计表格能力）

（9）如果该将实验电路中的小灯泡更换成一个额定电压为3.8V、阻值约为10Ω的小灯泡后，要进行"测量小灯泡的额定电功率"的实验，则对实验电路还必须进行怎样的改动：①_____；②_____。（注：旨在考查学生对实验器材的分析与选择能力）

（10）小明正确连接了电路后，检查发现电流表（或电压表）坏了，因条件限制，现只能再提供一个$R_0=10Ω$的电阻、开关和导线若干，请你设计方案，测出小灯泡的功率（或电阻）。（注：非常规实验，考查学生综合运用知识能力）

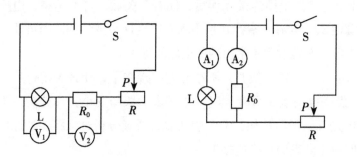

（11）该实验电路能否做探究"电阻一定时，电流跟电压的关系"的实验，原因是_____，若要完成此实验，你接下来应进行的操作是_____，此实验过程中滑动变阻器在此实验中的主要作用是_____；分析表中数据电阻R的$U-I$关系，可得出该实验的结论是：_____。该定值电阻的阻值是_____Ω。（注：旨在考查学生对实验的操作能力、分析能力以及归纳能力）

U（V）	0.5	1.0	1.6	1.9	2.5	3.0
I（A）	0.1	0.2	0.3	0.4	0.5	0.6

（三）课堂小结

1.串联动态电路电流、电压的变化判断。

方法1：串联分压，电阻大，电压大（先动后定）。

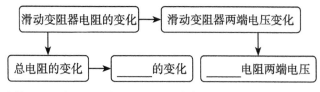

方法2：定值电阻不变，电流大，电压大（先定后动）。

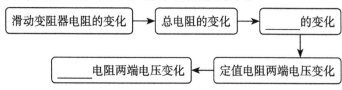

2.电压、电流的比值变化判断。

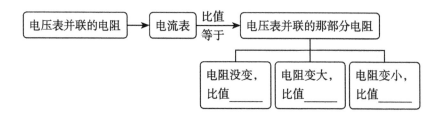

（四）课堂检测（选择题每小题10分，填空题每空10分，共120分）

1. 如图所示，已知电源电压为3V，当闭合开关后发现电压表的读数为3V，可能出现的故障是（　　　）

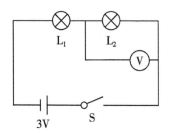

A.灯L$_2$断路　　　　　　　　B.灯L$_1$断路

C.灯L$_2$短路　　　　　　　　D.开关接触不良

2. 在如图所示的电路中，电源电压保持不变，开关闭合后，滑动变阻器的滑片向右移动时，三个电表的示数变化情况是（　　　）

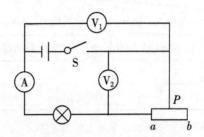

A. A的示数变小，V_1的示数不变，V_2的示数变小

B. A的示数变大，V_1的示数变大，V_2的示数变小

C. A的示数变小，V_1的示数不变，V_2的示数变大

D. A的示数变大，V_1的示数变小，V_2的示数变大

3. 如图为小科设计的遮光感烟探测器部分工作原理图，在一个外部光线无法进入的烟室中，装有一个激光发生器及带有一感光电阻（R_0）的电路，R为定值电阻，电源电压恒定；当烟雾进入烟室后，激光被烟雾遮挡而使感光电阻的阻值发生变化。当烟雾达到某一浓度时，探测器便会发出警报。已知光照越强，感光电阻阻值越小，反之则越大。当烟雾进入烟室并越来越浓时，则（　　　）

A. 电路的总电阻逐渐变小　　　　B. 电压表的示数逐渐变大

C. 电流表的示数逐渐变大　　　　D. R的电压逐渐变大

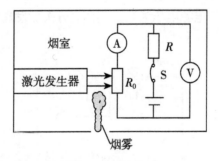

4. 如图所示，电源电压为9V，滑片P在中点。灯泡的电阻为8Ω，闭合开关S，电流表的示数为0.6A，当滑片P由中点移动到B端时，连入电路的电压表的示数为_____V，电流表的示数为_____A。

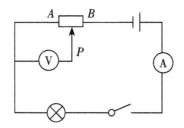

5. 我们已进行过"探究欧姆定律"的实验，请回答下列问题。

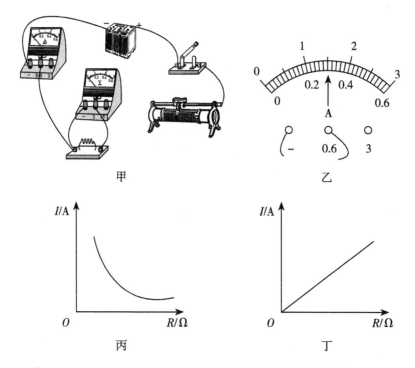

甲

乙

丙

丁

（1）请在图甲中把余下部分的电路用笔画线代替导线连接好。

（2）在某次测量中，电流表的示数如图乙所示，值为_____A。

（3）丙、丁两图是某实验小组在探究过程中，根据实验数据绘制的图像，其中表示电阻不变，电流随电压变化的图像是_____（填"丙"或"丁"）。

（4）在探究电压一定时，电阻上的电流跟电阻的关系过程中，电源电压3V且恒定不变，电阻5Ω、10Ω、20Ω各一个。实验时，先将5Ω电阻连入电路，闭合开关，调节滑动变阻器，当电压表的示数为1.5V时，记下电流表的示数I。接着下一步：断开开关，将5Ω电阻换成10Ω，调节滑动变阻器，使电压表的示数为＿＿＿V，记下电流表的示数I，重复上一步骤，完成实验。要完成该实验，实验室提供"10Ω 2A""20Ω 1A"的滑动变阻器各一个，你应该选"20Ω 1A"，原因是＿＿＿。

（5）有同学想利用图甲的实验原理测"220V 40W"白炽灯的额定功率，如果要使实验可行，请对原理图中实验器材的规格提出一条合理要求。

（6）如果在家里做测白炽灯功率的实验，因为家里一般没有电压表和电流表，所以可以利用家庭中都有的＿＿＿和＿＿＿测量更方便。

（五）说说今天我的收获报告

我的收获是：＿＿＿＿＿＿＿＿＿＿＿＿＿

＿＿＿＿＿＿＿＿＿＿＿＿＿＿＿＿＿＿＿

我的困惑是：＿＿＿＿＿＿＿＿＿＿＿＿＿

＿＿＿＿＿＿＿＿＿＿＿＿＿＿＿＿＿＿＿

试卷讲评课

一、考试概况分析，明确学习目标（明确目标阶段，2分钟）

教师分析本次考试情况，学生明确本章自己的问题所在。

二、组内分工，确定疑难问题，解决个性问题（分工阶段，5分钟）

组内按不同层次的学生分工，准备到指定的大组长处"采蜜"。全面深入，覆盖班上所有学生，主要体现人人有任务，人人有事做。

三、大组互动，解决共性问题（"采蜜"阶段，10分钟）

大组长组织成员先进行分层讨论。

四、小组互动，全面解决（分享阶段，20分钟）

相信学生、依靠学生、发展学生。

五、师生互动，教师点拨提升（深化理解应用阶段，5分钟）

教师点拨，解决学生的共性问题，提高对重难点的进一步理解与应用。

六、学生建立错题集，自我反思（完善、落实、改错阶段，3分钟）

总结与反思，建立错题本，课后再进行强化与补偿教学。

"多档位用电器的工作状态和电功率" 教学设计

【教学目标】

1. 认识电阻的不同接法对电功率的影响。

2. 明确求电功率的一般解题思路。

3. 掌握电功率的计算方法。

【教学重点】

明确求电功率的一般解题思路。

【教学难点】

掌握电功率的计算方法。

【教学过程】

（一）自主导学

判断方法：①确定电阻连接方式；②判断总电阻的大小；③根据公式 $P=\dfrac{U^2}{R}$ 判断，总电阻 R 越小，功率 P 越大；④功率大的为高温（加热）档，功率小的为低温（保温）档。

提出问题：①现有两只电阻 R_1 和 R_2（$R_1>R_2$），一个电压为 U 的电源，你可以组装几种连接方式不同的电路？②这些连接方式中电路总电阻分别是多少？关系如何？③这些连接方式中电路总功率分别是多少？关系如何？

解决问题：①电路图连接；

②电阻关系：_____；

③功率关系：_____。

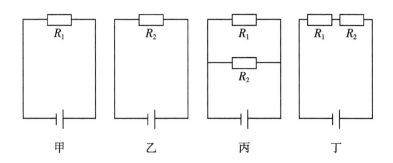

甲　　　　　　乙　　　　　　丙　　　　　　丁

（二）课堂测试

模块一：小试牛刀

1. 已知电压为10V，电阻R_1为5Ω，电阻R_2为15Ω，求高温档功率和低温档功率。

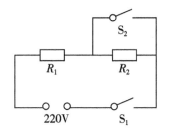

解：（1）当开关S_1、S_2闭合时，电阻R_2＿＿＿＿＿，只有＿＿＿＿＿＿工作，此时为＿＿＿＿＿档。此时电路中的电功率为＿＿＿＿＿＿W。

（2）当开关S_2断开时，电阻R_1与R_2＿＿＿＿＿＿联，此时为＿＿＿＿＿＿档。此时电路中的电功率为＿＿＿＿＿＿W。

2. 如图所示，最高档：闭合开关＿＿＿＿＿＿；最低档：闭合开关＿＿＿＿＿＿，断开开关＿＿＿＿＿＿。已知加热功率$P_{加}$=880W，保温功率$P_{保}$=40W，求R_1、R_2。

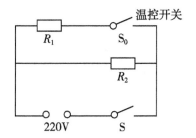

3. 如图所示，最高档：S接到_____；最低档：S接到_____。已知加热功率$P_加$=880W，保温功率$P_保$=40W，求R_1、R_2。

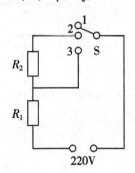

4. 如图所示，最高档：闭合开关_____；最低档：闭合开关_____，断开开关_____。已知加热功率$P_加$=880W，保温功率$P_保$=40W，求R_1、R_2。

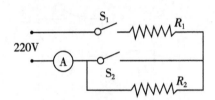

解题思路：_____

总结方法：_____

模块二：能力应用

5. 如图所示，最高档：Sa接到_____，S_b_____；中档：Sa接到_____，S_b_____；最低档：Sa接到_____，S_b_____。$P_中$=100W，$P_低$=80W，求R_1、R_2、$P_高$。

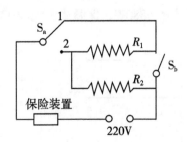

解题思路：_____

总结方法：_____

模块三：能力提升与巩固

6. 小明家安装了电热水龙头如图甲所示，其简化电路如图乙所示，R_1、R_2为电热丝，通过调节旋钮可使扇形开关S同时接触两个相邻的触点，从而实现冷水、温水、热水档之间的切换。某次使用电热水龙头的过程中，水龙头的功率随时间的变化关系如图丙所示。

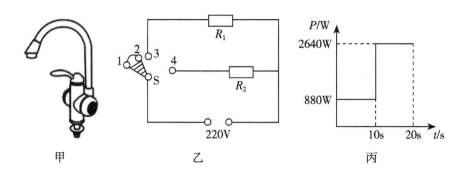

（1）当开关同时接触3、4触点时，水龙头放出的是_____。（填"冷水"、"温水"或"热水"）

（2）求电热丝R_1工作时的电阻大小。

（3）求该次使用过程中水龙头消耗的总电能。

7. 小明家的台灯是通过电位器来调节亮度的。他猜想：台灯变亮时电位器消耗电能的功率会变小，为此他设计了如图甲所示的电路进行探究。已知电源电压为4V并保持不变，电压表（0-3V）2个，电流表0-0.6A，滑动变阻器规格为"20Ω　1A"，小电灯泡L标有"2.5V　1.25W"字样（忽略温度对灯丝电阻的影响）。

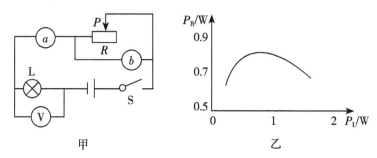

（1）电路中a是_____表，b是_____表。

（2）实验中，小灯泡正常发光时电流表的示数为_____A。

（3）根据实验数据，绘制出滑动变阻器的电功率P_R与小灯泡的电功率P_L的关系图像如图乙所示。由图可知：小灯泡的电功率（亮度）变大时，滑动变阻器的电功率_____。

（4）假设实验所用的小灯泡能承受的最大电压可以高出其额定电压的$\dfrac{1}{4}$，在确保电路中各元件安全的情况下，移动滑动变阻器的滑片，小灯泡的电功率变化范围是从_____W到_____W。

（三）小结

教师引导学生进行小结。

（四）说说今天我的收获报告

我的收获是：_____

_____

我的困惑是：_____

_____

"14.2探究欧姆定律"教学设计

【课题】

探究欧姆定律（第一课时）。

【教学时间】

40分钟。

【教学对象】

九年级上学期学生。

【教材】

广东上海科技版初中物理第十四章第二节第一课时。

【教学内容分析】

（一）教材的地位和作用

欧姆定律（初中学习的是部分电路欧姆定律）作为一个重要的物理规律，反映了电流、电压和电阻这三个重要电学量之间的关系，是电学中最基本的定律，是分析解决电路问题的金钥匙。欧姆定律是本章的教学重点，也是初中物理中的重点内容之一。欧姆定律编排在学生学习了电流、电压和电阻等概念，电压表、电流表和滑动变阻器使用方法之后，它既符合学生由易到难、由简到繁的认识规律，又保持了知识的结构性和系统性。通过本节课学习，主要使学生掌握同一电路中电学三个基本量之间的关系，初步掌握运用欧姆定律解决简单电学问题的思路和方法，了解运用"控制变量法"研究多个变量关系的实验方法，同时也为进一步学习电学知识打下基础。

（二）课程标准对本节课的要求

学会使用电压表和电流表测量一段导体两端的电压与其中的电流，利用滑动变阻器改变部分电路两端的电压，通过实验探究电压、电流和电阻的关系。

（三）教材内容安排

通过实验，利用控制变量法探究电流跟电压、电阻的关系，归纳得出物理规律的科学方法。

（四）教材的特点

本节课十分重视探究方法教育，重视科学探究的过程。让学生在认知过程中体验方法、学习方法，了解得出欧姆定律的过程。教学内容的编排是根据提出的问题，设计实验方案，通过实验和对实验数据分析、处理得到定律以及数学表达式。

（五）对教材的处理

学生对于生活中小灯泡的亮度会发生变化有一定认知，但什么因素在影响它的变化，它们之间有什么样的关系，学生还是比较陌生。在本节课的教学过程中，学生通过观察物理现象和动手实验，从实验中记录实验数据，对实验数据分析、图像处理从而得到电流、电压和电阻三者之间的关系，并进一步地学习欧姆定律以及数学表达式。

【学生情况分析】

（一）学生的兴趣

具有强烈的探索意愿。

（二）学生的知识基础

通过前章的学习，学生已经会使用电流表、电压表和滑动变阻器，来连接简单的串联和并联电路。

（三）学生的认知特点

虽然学生已经会使用电流表和电压表、滑动变阻器，会连接简单的串联电路和并联电路，可在同一个实验电路中同时使用电压表和电流表，学生还是第一次，由于先前的科学探究活动多数只涉及部分要素，而本节课需要完成探究实验的全过程，对学生来说是一个较高的要求。如实验电路设计、实验器材的选择、用图像法分析实验数据、对实验结果的评估等都是本节课的难点。

【教学目标】

（一）物理观念

学生通过观察与实验，知道电流受电压和电阻的影响。

（二）科学思维和科学探究

1.学生经历灯泡亮暗变化的实验现象意识到电流受电压和电阻的影响。

2.通过实验，利用控制变量法探究电流与电压、电阻的关系，归纳得出欧姆定律。

（三）科学态度与责任

1.学生通过实验的探索体验探究自然规律的曲折过程和科学发现的喜悦，保持科学探究的好奇心。

2.通过联系欧姆定律的发现史，在教学中渗透锲而不舍科学精神的教育。同时，让学生重视对物理规律的客观性、普遍性、科学性的认识。

【教学重点】

实验的设计及数据的处理和分析，并应用所归纳点得出欧姆定律。

【教学难点】

实验的设计及数据的处理和分析。

【教学流程图】

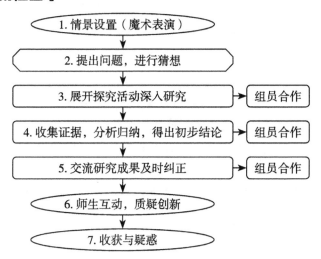

【教学过程】

（一）进行实验与收集证据

观察、记录、对比，各小组成员分工合作明确，严格执行仪器的使用规则；正确读取、如实填写实验数据。

（1）探究电流与电压的关系：①保持电阻不变，调节滑动变阻器，使定值电阻两端电压依次为1V、1.5V、2V，读出对应电流示数，并记录在表格中；②换一定值电阻，重复以上实验。

实验前思考：①如何控制电阻相同？②如何改变电阻两端的电压？③用什么仪表来测量电压大小？④用什么仪表来测量通过电阻的电流大小？⑤实验过程中需要记录的数据有哪些？如何让实验结论更具有普遍性？

（2）探究电流与电阻的关系：①依次更换电阻为5Ω、10Ω、20Ω，调节滑动变阻器，保持电压为2V不变，读出对应电流示数，并记录在表格中；②换一个不变的电压值，重复以上实验。

实验前思考：①实验过程中需要记录的数据有哪些？②如何改变电阻？③如何控制电阻两端的电压相同？

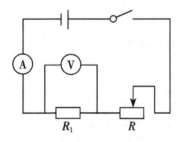

（二）分析与论证

引导学生在分析数据时，通过作I–U图像和I–R图像，运用数学知识来探讨实验记录中有关物理量间是否存在严格的数量关系。

（1）探究电流与电压的关系：实验数据分析与利用图像处理实验数据，得出结论1保持电阻不变时，电流与电压成正比。

（2）探究电流与电阻的关系：实验数据分析与利用图像处理实验数据，得出结论2保持电压不变时，电流与电阻成反比。

实验次序	电阻R=5Ω	
	电压 U/V	电流I/A
1	1.0	
2	1.5	
3	2.0	

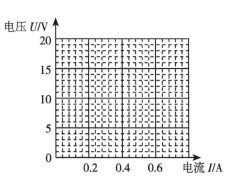

实验次序	电压U=2V	
	电阻R/Ω	电流I/A
1	5	
2	10	
3	20	

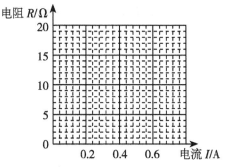

（三）交流探究成果，并进一步分析实验、对比实验与总结规律

实验表明：一段导体的电流与这段导体两端的电压成正比，与这段导体的电阻成反比关系。

公式：$I=U/R$ 　　　　　　变换式：$U=IR$、$R=U/I$

（四）师生互动，质疑创新

紧扣学生的认知规律，为欧姆定律理解与功的计算打下基础。

提问：①保持电阻不变时，电压跟电流成正比关系吗？为什么？②能否利用该实验探究电阻与电流、电压的关系呢？为什么？③探究电阻不变时，电流与电压的关系时，电压能否随便用一个数据？④描点画电压与电流的关系时，要不要经过原点？⑤电压与电流的图像是不是一定要画成U–I图像？可以画成I–U图像吗？

（五）说说今天我的收获报告

我的收获是：＿＿＿＿＿＿＿＿＿＿＿＿＿＿＿＿＿＿＿＿＿＿＿＿＿＿＿

＿＿＿＿＿＿＿＿＿＿＿＿＿＿＿＿＿＿＿＿＿＿＿＿＿＿＿＿＿＿＿＿＿

我的困惑是：＿＿＿＿＿＿＿＿＿＿＿＿＿＿＿＿＿＿＿＿＿＿＿＿＿＿＿

＿＿＿＿＿＿＿＿＿＿＿＿＿＿＿＿＿＿＿＿＿＿＿＿＿＿＿＿＿＿＿＿＿

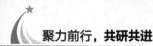

初中物理重要实验设计

一、探究光反射时的规律

（1）入射角（反射角）是指入射光线（反射光线）与法线的夹角。

（2）如果想探究反射光线与入射光线是否在同一平面内，应如何操作？将纸板沿中轴ON向后折，观察在纸板B上是否有反射光线。

（3）如果让光线逆着OF的方向射向镜面，会发现反射光线沿着OE方向射出，这表明：在反射现象中，光路是可逆的。

反射定律：在反射现象中，反射光线、入射光线、法线在同一平面内，反射光线、入射光线分居法线两侧；反射角等于入射角。镜面反射和漫反射都遵循反射定律。

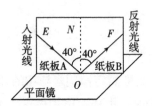

（4）理想模型法：用带箭头的直线表示光的传播路径和方向。

（5）量角器的作用：测量反射角和入射角的大小。

（6）从纸板不同方向都能看到光的传播路径的原因是：光在纸板上发生了漫反射。

（7）多次改变入射角大小并进行多次实验的目的：使实验结论具有普遍性，避免偶然性。

（8）硬纸板的作用：为了显示光路以及验证反射光线、入射光线是否在同一平面内。

（9）若硬纸板与镜面不垂直，入射光线仍然沿EO入射，在纸板B上看不到反射光线。

二、平面镜成像规律实验

（1）实验器材：薄玻璃板，两个完全相同的蜡烛，火柴，刻度尺，一张白纸，笔。

（2）操作步骤：在较暗的地方进行实验时，将白纸铺在水平桌面上，将玻璃板竖直放在白纸上，点燃蜡烛发现玻璃板的后面有蜡烛的像，为了确定像的位置，具体做法是移动另一侧未点燃的蜡烛，直至与像完全重合，用笔在白纸上做出标记。

（3）如何确定像的虚实？将未点燃的蜡烛拿走，拿一个光屏放在该处且不透过平面镜看光屏上是否有像。

（4）得出结论：平面镜成像特点是物与像成正立、等大、左右相反的虚像，物与像对应点的连线垂直平面镜，物与像到平面镜的距离相等。

（5）如果在实验中发现两个像，是由玻璃板太厚，前后两个面都发生反射成像导致的。两个像之间的距离由玻璃板的厚度决定。

（6）玻璃板后面的蜡烛为什么不需要点燃？若点燃后方蜡烛，使像的背景变亮，使像变淡，不便于观察像。

（7）为什么用两支完全相同的蜡烛？便于比较物与像之间的大小关系。

（8）实验中用玻璃板代替平面镜是因为：玻璃板便于确定像的位置。

（9）玻璃板为什么需要竖直放置？蜡烛能够与像重合，准确确定像的位置。

（10）实验方法：等效替代。

（11）多次测量的目的：使实验结论具有普遍性，避免偶然性。

（12）无论怎样移动玻璃板后方的蜡烛，都无法与像完全重合，是因为：玻璃板没有与水平桌面竖直放置。

（13）刻度尺的作用？测量物与像到玻璃板的距离。

（14）为什么要多次测量？使实验结论具有普遍性，避免偶然性。

（15）实验改进：可用发光二极管代替蜡烛，优点是成像稳定，便于比较像与物的大小，节能环保。

三、凸透镜成像

（1）实验：实验时点燃蜡烛，使烛焰中心、凸透镜光心、光屏的中心

（即焰心、光心、光屏中心）大致在同一高度，目的是使烛焰的像成在光屏中央。实验时发现蜡烛的像呈在光屏的上半部分，要想使像呈在光屏的中心，该如何操作：①向上移动光屏，②向上移动蜡烛，③向下移动凸透镜。如果用手将凸透镜遮住一半，则光屏上依然是一个完整的像，但亮度较暗。若在实验时，无论怎样移动光屏，在光屏都得不到像，可能的原因有：①蜡烛在焦点以内（$u<f$）；②烛焰在焦点上（$u=f$）；③烛焰、凸透镜、光屏的中心不在同一高度；④蜡烛到凸透镜的距离稍大于焦距，成像在很远的地方，光具座的光屏无法移到该位置。

眼睛矫正：近前凹，远后凸。照相机成像：$u>2f$ 倒立缩小的实像。

燃烧的蜡烛不断变短，光屏上的像向上移动，为使像呈在光屏中央，应该将光屏向上移动或蜡烛向上移动或凸透镜向下移动。

（2）实验结论：（凸透镜成像规律）分虚实，分大小，实倒虚正，具体见下表。

物距	像的性质			像距	应用
	倒、正	放、缩	虚、实		
$u>2f$	倒立	缩小	实像	$f<v<2f$	照相机
$f<u<2f$	倒立	放大	实像	$v>2f$	幻灯机
$u<f$	正立	放大	虚像	不考虑	放大镜

（3）对规律的进一步认识：①一倍焦距分虚实，二倍焦距分大小，物近像远像变大；②倒立的像，上下倒，左右也倒；③光路的可逆性，蜡烛与光屏互换位置后，仍能成清晰的像；④凸透镜前加镜片的相关判断（透镜和蜡烛的位置不变），加远视镜（凸透镜），光线提前汇聚，像距变小、像变小，光屏应向靠近透镜的方向移动，加近视镜（凹透镜），光线延迟会聚，像距变大、像变大，光屏应向远离透镜的方向移动。

（4）实验改进：可用发光二极管代替蜡烛，优点是成像稳定，便于比较像与物的大小，节能环保。

四、探究"水的沸腾"实验中

（1）安装装置时，应按照由下至上的顺序。

（2）甲乙两个小组同时做此实验，结果甲组队员发现所用时间比乙组长，请你提出改进意见。a. 减少水的质量，b. 提升水的初温，c. 加盖子。

（3）水沸腾前，<u>烧杯内上升的气泡是由大变小的</u>；水沸腾时，<u>烧杯内上升的气泡由小变大，因为上升过程中，水对气泡压强变小</u>。

（4）在水沸腾过程中，<u>水持续吸热，但温度不变，内能增加（此处和晶体熔化过程相同）</u>。

（5）按图所示的装置给水加热至沸腾。实验记录的数据如表格所示。

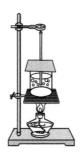

时间t/min	0	2	3	4	5	6	7	8	9	...
温度T/℃	90	92	94	96	98	100	100	100	100	...

从表格中的数据可以看出水的沸点是<u>100℃</u>。若第6分钟未移去酒精灯，<u>立即观察温度计的示数，将会看到温度计的示数不变</u>。烧杯的纸盖上留有两个小孔，穿过温度计的那个孔作用：<u>固定温度计</u>。另外一个孔的作用是<u>使水面上方大气压强与外界相同，使水的沸点测量值更准确</u>；若不留小孔对实验结果产生的影响是<u>如果没有小孔，会使里面气压增大，测出的水的沸点偏高</u>。

（6）如果实验过程中，温度计碰到容器底，会导致<u>测量值偏大</u>。

（7）石棉网的作用：<u>使烧杯受热均匀</u>。

（8）撤去酒精灯，水依然沸腾的原因是：<u>石棉网温度较高，水会继续吸热</u>。

（9）沸点不是100℃的原因：<u>①当地大气压低于一标准大气压；②杯口的盖封闭较严，导致气压大于标准大气压</u>。

五、晶体熔化实验

（1）安装装置时，应按照<u>由下至上</u>的顺序。

（2）石棉网的作用：<u>使烧杯受热均匀</u>。

（3）加热过程中不断搅拌的目的：<u>使物体受热均匀</u>。

（4）实验选取小颗粒的目的是：<u>使温度计的玻璃泡与固体充分接触，容易受热均匀。</u>

（5）采用水浴法的优点：<u>①使物体受热均匀；②使物体受热缓慢，便于观察温度变化规律。</u>

（6）试管放置要求：<u>①试管中所装物体完全浸没水中，②试管不接触烧杯底或烧杯壁。</u>

（7）烧杯口处出现白气的成因：<u>水蒸气遇冷形成的小水珠。</u>

（8）熔化前后曲线的倾斜程度不一样的原因：<u>同种物质在不同状态下的比热容不同。</u>

（9）收集多组数据的目的是：<u>使实验结论具有普遍性，避免偶然性。</u>

（10）晶体熔化过程中，是固液共存状态；特点是：<u>继续吸热，温度保持不变。</u>

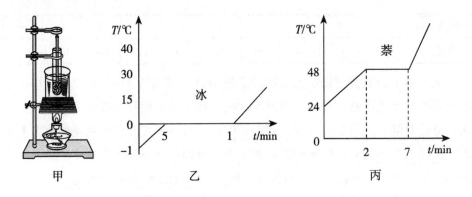

甲　　　　　　　乙　　　　　　　　　丙

六、比较不同物质的吸热情况

（1）实验方法：<u>控制变量法和转换法（通过温度变化快慢来反映吸热能力的强弱）。</u>

（2）实验液体的选择：<u>质量和初温相同的不同液体。</u>

（3）选择相同热源的目的是：<u>以保证相同加热时间释放的热量相同。</u>

（4）使用电加热器代替酒精灯的好处：<u>易于控制产生热量的多少。</u>

（5）实验中不断搅拌的目的是：<u>使液体受热均匀。</u>

（6）描述物体吸热能力的物理量是：<u>比热容。</u>

（7）结论：<u>相同质量的不同物体，吸收相同的热量后升高的温度越低的，比热容越大。</u>

（8）做哪些实验还能用此实验器材？答：水的沸腾实验，焦耳定律（探究电流产生的热量与哪些因素有关）。

（9）水和沙子吸收热量的多少可以根据：加热时间的长短来判断（转换法）。

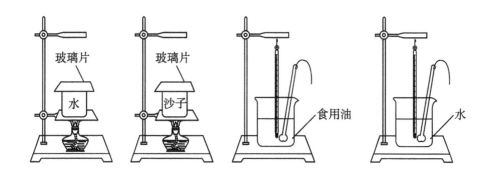

七、探究煤油和菜籽油的热值大小关系

（1）调整仪器顺序：从下到上。

（2）应控制相同的物理量：水的质量、水的初温。

（3）如何来反映热值的大小：通过观察温度计示数的变化（转换法），温度升高越高代表燃料热值越大。

（4）通过这些数据计算出煤油和菜籽油的热值不可靠，原因是：因为燃料燃烧产生的热量不能完全被水吸收，存在热量损失；燃料不能完全燃烧。

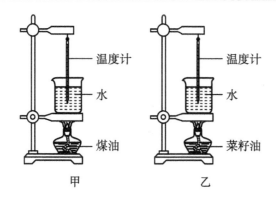

八、测物体的密度

（1）原理：$\rho=m/v$。

（2）用天平测质量，用量筒测物体体积。

（3）①使用天平时，先观察量程和刻度值，估测物体质量；再把天平放到水平桌面上，为什么？<u>因为天平是一个等臂杠杆，只有天平处于水平平衡时，两边受到的力才相等，物体和砝码的质量才相等。</u>②调节天平时应先将游码移<u>到称量标尺左端零刻度处，再调节平衡螺母，使指针指在分度标尺中央红线</u><u>处，或指针在中央红线左右摆动幅度相同即可（左偏右调）。</u>③称量过程中要用镊子夹取砝码，左物右码，先大后小，最后移动游码，直至天平水平平衡。④读数=砝码+游码。⑤<u>如果砝码缺了一块，所测物体质量比实际质量偏大。</u>⑥使用量筒时先观察量程和分度值。⑦<u>注意量筒的量程没有零刻度线。</u>⑧观察时视线要与凹面底部或凸面顶部在同一水平线上。

九、探究二力平衡实验

（1）在探究二力平衡问题时，什么因素影响实验结果？答：<u>摩擦力。</u>

（2）你认为下图哪个实验更合理？答：<u>甲，因为乙物体受到的摩擦力大，</u><u>对实验效果影响大。</u>

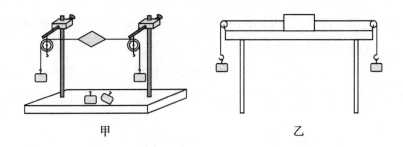

甲　　　　　　　　　　　　乙

（3）如何判断物体是否处于平衡状态？答：<u>当物体保持静止或匀速直线运</u><u>动状态时，都可以判定物体处于平衡状态。</u>

（4）实验中如何改变拉力的大小？答：<u>通过改变砝码的个数，来改变对小</u><u>车的拉力大小。</u>

（5）定滑轮有什么作用：答：<u>改变拉力的方向。</u>

（6）如何探究两个力作用在同一物体上？答：<u>将纸板从中间剪开，观察纸</u><u>板是否还处于平衡状态。</u>

（7）如何探究两个力在同一直线上：答：<u>把纸板转动一个角度，然后松</u><u>手，观察小车的运动状态。</u>

（8）实验结论：二力平衡条件是<u>同体、等大、反向、共线。</u>

（9）实验方法：控制变量法。

（10）选择静止状态的原因：匀速运动状态不好控制。

（11）进行多次实验的目的：得出实验结论的普遍性，避免偶然性。

十、探究滑动摩擦力大小与哪些因素有关

（1）测量原理：二力平衡。

（2）测量方法：把木块放在水平长木板上，用弹簧测力计水平拉木块，使木块匀速运动，这时读出的拉力就等于滑动摩擦力的大小。

（3）结论：接触面粗糙程度相同时，压力越大滑动摩擦力越大；压力相同时，接触面越粗糙滑动摩擦力越大。该研究采用了控制变量法。

（4）转换法应用：通过拉力的大小来反映摩擦力的大小。

（5）由前两个结论可概括为：滑动摩擦力的大小与压力大小和接触面的粗糙程度有关。实验还可研究滑动摩擦力的大小与接触面大小、运动速度、拉力大小等无关。

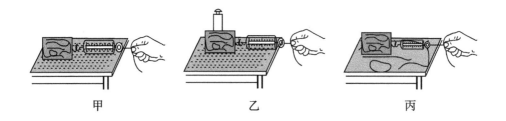

甲　　　　　　　乙　　　　　　　丙

十一、探究力与运动关系实验（牛顿第一定律）

（1）此实验应该让小车怎么滑下来？目的是什么？答：让小车从斜面同一高度由静止滑下来，目的是使小车到达水平面时的初始速度相同。

（2）通过什么知道阻力越小，物体运动减小得越慢？答：小车运动的距离，阻力越小，小车运动的距离越远，说明物体运动减小得越慢。

（3）这个实验斜面有何作用？答：使小车滑下的速度相同。

（4）实验结论：物体受到的阻力越小，物体运动的距离越远，如果物体不受阻力，它将保持匀速直线运动，并一直运动下去。

（5）此实验采用的方法是？答：控制变量法转换法。

（6）牛顿第一定律能否通过实验探究出来？答：不能，只能在实验基础上

推理出来，因为不受力的物体是不存在的。

（7）将此实验略加修改还能做哪个实验？答：①将斜面长一些，增加刻度尺和秒表可以探究速度变化的实验；②保证平面的材料相同，增加一个木块可以探究动能大小与哪些因素有关的实验。

（8）牛顿第一定律：牛顿第一定律是在大量经验事实的基础上，通过进一步推理而概括出来的，因此，不可能用实验来直接证明牛顿第一定律。牛顿第一定律的内涵：物体不受力，原来静止的物体将保持静止状态，原来运动的物体，不管做什么运动，物体都将做匀速直线运动。牛顿第一定律告诉我们：物体做匀速直线运动可以不需要力，即力与运动无关，所以力不是产生或维持物体运动的原因，而是改变物体运动状态的原因。

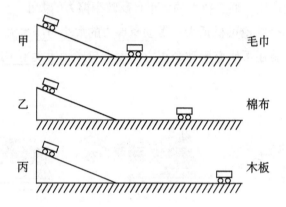

十二、探究压力作用效果与哪些因素有关

（1）此实验采用的方法有控制变量法、转换法。

（2）此实验使用海绵而不用木板是为什么？答：木板不容易产生形变，而海绵容易产生形变，便于观察实验现象。

（3）比较图甲和图乙可以得到的实验结论是：受力面积一定时，压力越大，压力的作用效果越明显（不能说压强越明显，因为探究这个实验时还没有提出压强的概念）。

（4）比较图甲和图丙可以得到的实验结论是：压力一定时，受力面积越小，压力的作用效果越明显。

（5）用海绵的大小来衡量压力作用效果的大小，是转换法；而在探究压力作用效果具体受哪个因素影响时，采用了控制变量的方法。

（6）如果将图乙中的海绵换成木板，压力的作用效果与放海绵的作用效果相同吗？答：<u>相同，因为压力的效果与压力大小和受力面积有关，与其他因素无关，改成木板后只是我们观察不到效果而已。</u>

（7）小明同学实验时将物体B沿竖直方向切成大小不同的两块，如图丁所示。他发现它们对海绵的压力作用效果相同，由此他得出的结论是：压力作用效果与受力面积无关。你认为他在探究过程中的做法是否正确？原因是：<u>他没有控制压力大小相同。</u>

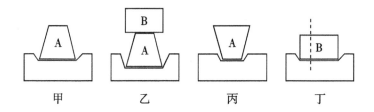

甲　　　　　乙　　　　　丙　　　　　丁

十三、探究液体压强与哪些因素有关

（1）由图可以知道液体压强产生的原因是：<u>液体受到重力作用，液体有流动性。</u>（因此在太空失重情况下液体不会产生压强）

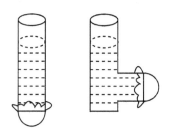

（2）探究液体压强与哪些因素有关的实验中，采用了哪些方法？答：<u>控制变量法、转换法。</u>

（3）通过观察什么可以知道液体压强的大小？答：<u>U型管内液面的高度差，高度差也大说明液体产生的压强也大。</u>

（4）实验前的两个操作。①<u>先检查U型管左右两边的液面是否相平。</u>②检查装置的气密性：<u>用手压金属盒上的橡皮膜，观察U型管中液面是否发生变化，若变化明显，则气密性良好。</u>

（5）实验时发现U型管内高度差没变化，原因是什么？怎么解决？答：<u>气密性不好，拆下来重新安装。</u>

（6）使用的U型管是不是连通器？答：不是。

（7）此实验U型管内液体为什么要染成红色？答：<u>使实验效果明显，便于观察。</u>

（8）比较甲、乙的实验结论是：<u>当液体密度一定时，深度越深，液体产生的压强越大。</u>比较乙、丙的实验结论是：<u>当液体深度相同时，液体密度越大，液体产生的压强越大。</u>如图甲、图乙所示，金属盒在水中的深度和U型管内页面的高度差大小有何关系？为什么？答：<u>相等，因为两侧产生的压强相等，液体密度相等，所以深度也相等。</u>如图丙所示，左侧金属盒的深度和U型管内液面的高度差大小有何关系？为什么？答：<u>U型管内高度差比金属盒的深度大。因为盐水的密度比水的密度大，两边压强相等，所以U型管内高度差比金属盒的深度大。</u>

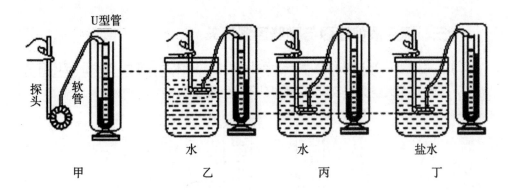

（9）测量出U型管内页面的高度差，能否算出金属盒在左侧液体中的压强？答：<u>能，因为两侧压强相等。</u>

（10）还有的结论是：<u>同一液体，相同深度，液体向各个方向压强相等。</u>

十四、探究浮力的大小与哪些因素有关

测量浮力原理：称重法（$F_浮=G-F$）。

比较图甲中序号为1、2的两次实验，得出的结论是：<u>浸没在液体中的物体所受浮力与物体浸没在液体中的深度无关。</u>

比较图乙中序号为从c、d、e的三次实验，可以得出结论：<u>浮力的大小与液体的密度有关；物体浸入液体中的体积相同时，液体的密度越大，物体受到的浮力也越大。</u>

比较图甲中序号为1、2、3的三次实验，可以得出结论：**浮力大小与物体浸入液体的体积有关，液体密度相同时，物体浸入液体中的体积越大，所受浮力越大。**

浮力与物体的形状无关，与物体的密度无关，与物体的体积无关，与物体的质量无关，与容器的形状无关。

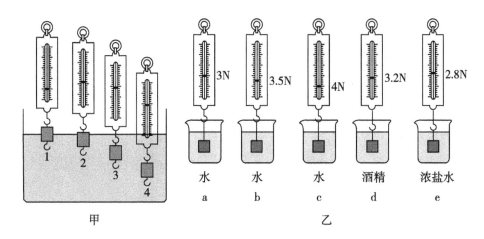

甲　　　　　　　　　　　乙

十五、验证阿基米德原理实验

（1）实验更合适的操作顺序是：<u>bacd</u>。

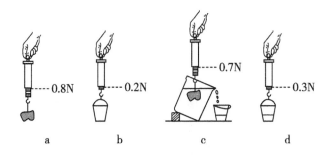

（2）实验中溢水杯倒水必须有水溢出后才能做实验，否则会出现什么结果？答：<u>会出现浮力大于物体排开水的重力。</u>

（3）此实验弹簧测力计的示数关系是：<u>$F_a - F_c = F_d - F_b$</u>。

（4）实验结论：**物体受到的浮力等于物体排开液体的重力。**

十六、探究杠杆平衡条件

（1）实验前杠杆的调节：<u>左高左调，右高右调。平衡后实验过程中不能再调节平衡螺母。</u>

（2）将杠杆调成水平平衡的目的是：<u>便于测量力臂的大小。</u>

（3）选择杠杆中点作为支点的好处是：<u>消除杠杆自身重力对实验的影响。</u>

（4）将砝码换成测力计的好处是：<u>能直接测出拉力的大小，实验操作方便。</u>

（5）将砝码换成测力计的缺点是：<u>测力计本身有重量，对实验有一定的影响，使弹簧测力计的示数变大。</u>

（6）如图乙、图丙所示，弹簧测力计的示数做怎样的变化？答：<u>由大变小，原因是力臂由小变大。</u>

（7）你认为哪个图更合理？答：<u>丁图，实验不受弹簧测力计的重力的影响。</u>

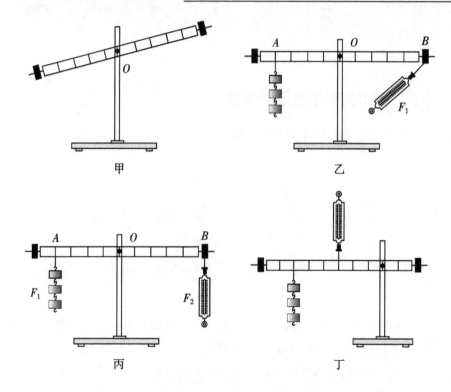

甲

乙

丙

丁

（8）使用弹簧测力计代替砝码的最终目的是：<u>更能正确认识力臂。</u>

（9）多次实验的目的是：<u>避免实验的偶然性，使结论具有普遍规律。</u>

十七、探究决定动能大小的因素

（1）猜想：动能大小与物体质量和速度有关。

（2）实验研究。研究对象：小钢球。方法：控制变量法，转换法。

（3）如何判断动能大小：看木块被小钢球推动的距离多少。

（4）使质量不同的钢球从同一高度静止释放的目的：使小球到达水平面时的初速度相同。

（5）如何改变钢球速度：使钢球从不同高度滚下。

（6）分析归纳。保持钢球质量不变时的结论：物体质量相同时，速度越大，动能越大。保持钢球速度不变时的结论：物体速度相同时，质量越大，动能越大。

（7）得出结论：物体动能与质量和速度有关；当质量相同时，速度越大动能越大；当物体速度相同时，质量越大动能也越大。

（8）斜面的作用：使物体具有速度并改变物体速度的大小。

（9）水平面的作用：使物体在竖直方向上受力平衡，在水平方向只受摩擦力。

（10）能量转化。在斜面上机械能转化过程：重力势能转化成动能。在水平面上能力转化过程：动能转化为内能。

（11）木块最终停下来的原因：在水平面受到摩擦力。

（12）实验推理与假设：当水平面绝对光滑时，小球将做匀速直线匀速，不能达到探究目的。

（13）超载、超速问题判断：超速时，质量不变，速度越大，动能越大；超载时，速度不变，质量越大，动能越大。

（14）用小球做实验有不足之处是：不能保证小球在水平面上沿直线运动。

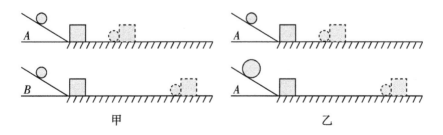

甲　　　　　　　　　　乙

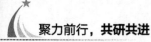

十八、探究决定重力势能大小的因素

在探究"物体的重力势能与哪些因素有关"的实验中，三个相同的木桩被从空中静止释放的铁块撞击后，陷入沙坑中的情况如图所示。

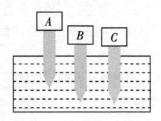

（1）实验方法：控制变量法、转换法。

（2）在此实验中，我们是通过木桩陷入沙中的深度来比较各铁块的重力势能大小的。（转换法）

（3）若A、B两铁块质量相等，则铁块下落的高度关系是h_A小于h_B，得出的结论是：在质量相同时，物体被举高高度越高，物体的重力势能越大。

（4）若B、C两铁块下落的高度相等，则两铁块的质量关系是m_B大于m_C，得出的结论是：在被举高高度相同时，物体质量越大，物体的重力势能越大。

十九、探究导体的电阻跟哪些因素有关

（1）实验方法：控制变量法。

（2）导体电阻与哪些因素有关：材料、长度、横截面积和温度。

（3）结论：当导体的材料和横截面积相同时，导体长度越长，电阻越大；当导体的材料和长度相同时，导体横截面积越大，电阻越小；当导体的长度和横截面积相同时，不同材料的导体，其电阻不同。导体的电阻还与温度有关。

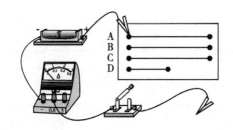

二十、探究串并联电路电流、电压的特点

（1）串联。①电流：串联电路中各处的电流相等（$I=I_1=I_2$）；②电压：串联电路两端的总电压等于各部分电路两端的电压之和（$U=U_1+U_2$）。

（2）并联。①电流：并联电路中干路电流等于各并联支路中的电流之和（$I=I_1+I_2$）；②电压：并联电路中，各支路两端的电压相等，等于电源电压（$U=U_1=U_2$）。

（3）如何多次实验：换用不同规格的灯泡进行多次实验；若题目已用不同规格的灯泡，则换不同电压的电源进行多次实验。

二十一、探究电流与电压的关系

（1）①提出问题：电流与电压有什么定量关系？②采用的研究方法是：控制变量法。即保持电阻不变，改变电压研究电流随电压的变化关系。③得出结论：在电阻一定的情况下，导体中的电流与导体两端的电压成正比。（说法固定，不能更改）

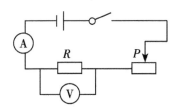

（2）电路连接注意事项：开关断开，滑动变阻器滑片移至阻值最大处。

（3）电表异常偏转原因：①指针反向偏转，原因是正负接线柱接反；②正向偏转幅度过小，原因是量程选择过大；③正向偏转幅度过大超过最大刻度，原因是量程选择过小。

（4）滑动变阻器的作用：①保护电路，②改变定值电阻两端电压。

（5）调节滑动变阻器不能使电压达到指定示数的原因是：滑动变阻器的最大阻值过小。

（6）换不同规格的电阻多次测量的目的是：得出普遍规律，避免偶然性。

（7）此实验不能用灯泡代替电阻进行探究的原因：灯丝的电阻随温度的升高而增大。

（8）电路故障：电流表无示数，电压表有明显的偏转，原因是：电阻R断

路；电流表有示数，电压表无示数，原因可能是：<u>电阻R短路</u>。

二十二、探究电流与电阻的关系

（1）滑动变阻器的作用：① <u>保护电路</u>，② <u>使电阻两端电压保持不变</u>。

（2）更换大电阻后如何滑动滑动变阻器的阻值：<u>应使滑动变阻器的阻值变</u><u>大，滑动变阻器分的电压变大，保证定值电阻上分到的电压不变</u>。

（3）电路中滑动变阻器阻最大值R_x的确定方法：<u>$U_R/R= (U-U_R)/R_X$</u>

（4）实验方法：控制变量法，<u>保持电压不变，改变电阻研究电流随电阻的</u><u>变化关系</u>。

（5）结论：在电压一定时，导体中的电流与导体的电阻<u>成反比</u>。

二十三、伏安法测电阻（测定值电阻或小灯泡电阻）

（1）原理：<u>$R=U/I$</u>。

（2）滑动变阻器的作用：① <u>保护电路</u>，② <u>改变电阻（或灯泡）两端的电压</u><u>和通过电阻的电流</u>。

（3）使小灯泡正常发光的操作：<u>滑动滑动变阻器使电压表示数等于小灯泡</u><u>额定电压</u>。

（4）注意：此次实验分两类，一是测定值电阻的阻值，它需要求平均值，<u>因为多次测量求平均值，减小实验误差</u>；二是测小灯泡电阻的阻值，它不需要<u>求平均值，因为灯丝电阻随温度变化而变化，求平均值失去意义</u>。

（5）测量结果偏小是因为：<u>有部分电流通过电压表，电流表的示数大于实</u><u>际通过R_x电流。根据$R_x=U/I$电阻偏小</u>。

（6）测定值电阻实验时还可以探究的实验是：<u>探究电流与电压的关系</u>。

（7）测小灯泡电阻实验时，闭合开关后，发现小灯泡不亮，但电流表有示数，接下来应进行的操作是：<u>移动滑动变阻器滑片，观察小灯泡是否发光</u>。

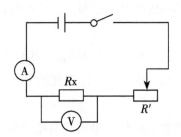

二十四、测灯泡的额定功率

（1）原理：*P=UI*

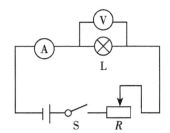

（2）滑动变阻器的作用：①保护电路，②改变灯泡两端电压。

（3）实验多次测量的目的：测量小灯泡在不同电压下的电功率，并进行比较。

（4）相同电压下LED灯比小灯泡亮的原因是：LED灯的电能转化光能的效率比白炽灯的高。

（5）为什么不能通过求平均值求小灯泡的额定功率？额定功率是小灯泡额定电压下的功率，多次测量算出的功率不是额定功率。

（6）小灯泡亮度由实际功率决定。

二十五、探究电流产生的热量与哪些因素有关

（1）实验目的：研究电流通过导体产生的热量跟哪些因素有关。

（2）实验原理：根据煤油在玻璃管里（温度计示数变化）上升的高度来判断电流通过电阻丝通电产生电热的多少。

（3）实验采用煤油的目的：煤油比热容小，在相同条件下吸热温度升高的快；是绝缘体。

（4）被加热材料选用煤油或空气的原因：利用煤油比热容小升温明显，空气热胀冷缩明显。

（5）选用加热材料的要求：质量、初温、材料相同。

（6）实验方法：控制变量法，转换法。

（7）探究电热与电流的关系时需控制电热丝的电阻和通电时间相同；探究电热与电阻的关系时需控制电流和通电时间相同；探究电热与通电时间的关系时需控制电阻和电流相同，改变通电时间的长短。两个烧瓶串联的目的：使通过电流相同。

（8）电阻产生的热量是通过什么反映的：（转换法）温度计示数的变化（或煤油在玻璃管里上升的高度）。

（9）结论：当电流、通电时间一定时，通过导体的电阻越大，导体产生的热量越多；当电阻、通电时间一定时，通过导体的电流越大，导体产生的热量越多；当电阻、电流一定时，通电时间越长，导体产生的热量越多。

（10）焦耳定律：电流通过导体产生的热量跟电流的平方成正比，跟导体的电阻成正比，跟通电时间成正比。

（11）计算公式：$Q=I^2Rt$（适用于所有电路）。对于纯电阻电路可推导出：$Q=UIt=U^2t/R=W=Pt$。

（12）①串联电路中常用公式：$Q=I^2Rt$，Q_1：Q_2：Q_3：…：$Qn=R_1$：R_2：R_3：…：Rn；②并联电路中常用公式：$Q=U^2t/R$，Q_1：$Q_2=R_2$：R_1；③无论用电器串联还是并联，计算在一定时间内产生的总热量常用公式：$Q=Q_1+Q_2+\cdots+Q_n$；④分析电灯、电炉等电热器问题时往往使用：$Q=U^2t/R=Pt$。

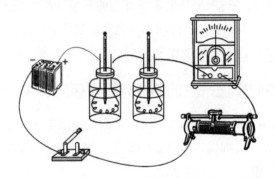

二十六、探究影响通电螺线管的磁性

（1）原理：电流的磁效应。

（2）滑动变阻器的作用：保护电路，改变电路中的电流。

（3）转换法：通过比较螺线管吸引大头针的多少反映磁性的强弱。

（4）控制变量法。①探究磁性强弱与线圈匝数的关系：控制电流不变，改变匝数。②探究磁性强弱与电流的关系：控制匝数不变，通过滑动变阻器改变电流。③探究磁性强弱与有无铁芯的关系：控制电流和匝数不变，插入铁芯，观察线圈吸引大头针的多少。

（5）将铁芯换成钢棒，开关断开后的现象：因为钢棒是永磁铁，断开开关后大头针不会掉下来。

（6）电磁铁吸引的大头针下端分散的原因：同名磁极相互排斥。

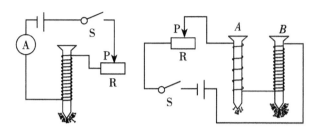

二十七、探究电磁感应现象

（1）转换法：通过观察灵敏电流计指针是否偏转来判定是否产生电流。

（2）控制变量法。探究电流方向与磁场方向的关系：控制导体运动方向不变，改变电流方向，观察电流计指针偏转方向。

（3）探究电流方向与导体运动方向的关系：控制磁场方向不变，改变导体运动方向，观察电流计指针偏转方向。

（4）探究电流大小与磁场强弱的关系：控制导体切割磁感线运动的速度与方向不变，改变磁场强弱，观察电流计偏转的角度。

（5）探究电流大小与导体运动速度的关系：控制导体运动方向和磁场强弱不变，改变导体切割磁感线运动的速度，观察电流计偏转的角度。

（6）产生感应电流的条件：①电路必须闭合，②闭合电路的一部分导体做切割磁感线运动。

（7）能量转化：机械能转化为电能。

（8）电流计指针不偏转的原因：①导体没有做切割磁感线运动，②电路没闭合，③产生电流太小。

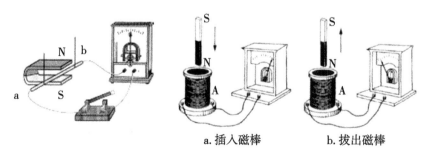

a.插入磁棒   b.拔出磁棒